U0457576

湖南省"双百工程"优秀教育教学著作

新乡村教育

—— 让乡村孩子享受
优质教育的实践与探索

谭自云　著

湖南大学出版社·长沙

内 容 简 介

本书从学校、教师、学生、社会等四个维度讲述了乡村教育的故事。新乡村学校维度，讲述了乡村学校如何建立体系落实五育并举，从文化育人、课程育人、活动育人、网络育人、劳动育人等方面，力求让乡村孩子享受优质教育；新乡村教师维度，讲述了用"六个一"来培养乡村教师的故事，优秀乡村教师是让乡村孩子享受优质教育的坚实基石；新乡村学生维度，以"扬红善精神，育中国少年"为目的，讲述了乡村孩子是如何享受优质教育的；新乡村社会维度，以"舲舫乡教育基金"为起点，讲述了家长、社会、政府是如何支持乡村教育的，是如何帮助乡村孩子实现享受优质教育的梦想的。一个个小故事，真实而生动。新乡村教育，来源于真实的乡村，服务于真正的乡村。

图书在版编目（CIP）数据

新乡村教育：让乡村孩子享受优质教育的实践与探索/谭自云著. —长沙：湖南大学出版社，2020. 5
ISBN 978-7-5667-1955-3

Ⅰ. ①新… Ⅱ. ①谭… Ⅲ. ①乡村教育—研究—中国 Ⅳ. ①G725

中国版本图书馆 CIP 数据核字（2020）第 107096 号

新乡村教育——让乡村孩子享受优质教育的实践与探索
XIN XIANGCUN JIAOYU——RANG XIANGCUN HAIZI
XIANGSHOU YOUZHI JIAOYU DE SHIJIAN YU TANSUO

著　　　者：谭自云
责任编辑：吴海燕　张源源
印　　装：长沙鸿和印务有限公司
开　　本：710 mm×1000 mm　1/16　　印张：18　　字数：201 千
版　　次：2020 年 5 月第 1 版　　印次：2020 年 5 月第 1 次印刷
书　　号：ISBN 978-7-5667-1955-3
定　　价：52.00 元

出 版 人：李文邦
出版发行：湖南大学出版社
社　　址：湖南·长沙·岳麓山　　邮　　编：410082
电　　话：0731-88822559(营销部),88823113(编辑室),88821006(出版部)
传　　真：0731-88822264(总编室)
网　　址：http://www.hnupress.com
电子邮箱：934868581@qq.com

序

认识谭自云老师，是在一次"中国少年联盟"的年会上，我看到一位乡村学校的校长，带着七八个老师来参加活动，确实很惊讶。我一直期待有一所真正的乡村学校和我们一起探索中国少年的培育。

乡村教育运动是 20 世纪 20 年代在中国兴起的一场社会运动，旨在从教育农民着手以改进乡村生活和推进乡村建设。当时的农村饱受天灾人祸，农村经济处于崩溃的边缘，有的教育工作者就提倡"到乡村去""到民间去"，他们不但制造舆论，而且自己也见诸行动。此后，关于"复兴农村""建设农村"的呼声就成为当时中国的一种社会思潮。新时代下的乡村已经发生了翻天覆地的变化，政府着力实施乡村振兴战略，按照"产业兴旺、生态宜居、乡风文明、治理有效、生活富裕"的总体要求，旨在从产业、生态、文化、治理、人才等多角度统筹考虑"三农问题"，提出综合解决方案和支撑政策，指导乡村现代化建设有序推进。谭自云老师的新乡村教育理念顺应了乡村发展的需要，是新时代新背景下乡村建设的及时雨。探索如何让乡村孩子享受优质教育，是我们每一个乡村教育工作者的责任。谭老师和他的团队，从新乡村学校、新乡村教师、新乡村学生和新乡村社会共四个方面进行了探索。

　　他们着眼于地方特色，打造以"红色舣舫，善行人生"为主题的学校文化，传承当地的将军精神，通过建设"善美"校园，让乡村孩子爱上学校，爱上学习，从而更好地开展新乡村学校建设。让乡村孩子享受优质的教育，教师是根本。为此，他们探索具有创造性的"六个一"教师培训模式，即上好一堂课、读好一本教育专著、写好一篇论文、开发一门校本课程、写好一笔字、讲好一个教育故事，为新乡村教师赋能。在新乡村学生培养方面，他们学校在"中国少年联盟"的影响下，提出"扬红善精神，育中国少年"。坚持"六个一"促进学生全面发展，即坚持一套课程传承精神、一根绳子立健康身心、一块魔方锻炼思维、一日阅读涵古今中西、一笔好字养好习惯、一根竖笛陶冶情操。他们正用符合乡村现实状况的方式，做真正的素质教育。新乡村新社会，新乡村教育离不开社会的支持，也不能忘记回馈社会，应该形成与乡村社会的积极互动。谭校长他们着力调动一切可以调动的力量，为教育服务，新乡村教育得到了乡政府、村"两委"和当地企业的大力支持，乡政府专门成立"舣舫乡教育基金"，经常组织乡、村干部对教师进行慰问，每个期末为教师颁发教学质量奖并授予荣誉称号。同时，学校也组织师生积极回馈社会，通过"爱心采茶"活动，他们把温暖送给舣舫乡养老院的孤寡老人；通过"走将军路，扬将军精神"的徒步活动，他们把舣舫将军精神传遍全乡；通过"垃圾不落地"活动，他们践行保护家乡优美环境的使命。

　　新乡村教育新在乡村教师和学生，他们应该是眼里有光，看得到乡村教育和乡村未来的希望；他们应该是心中有火，有改变乡村教育、改变自己命运的熊熊欲火；他们应该是身体有力，能够在乡村场域中真实地迸发生命力量，并使自我不断得到充实。

相信不久的将来，我们一定能看到或听到谭校长引领下的乡村孩子健康成长以及他们成长背后的教育故事。真心期待谭校长的乡村教育能走得更远，走得更好，能为我国的新乡村学校建设提供很好的示范，能造福更多的乡村孩子，让他们享受与城市孩子一样优质的教育。

是为序。

湖南师范大学　刘铁芳

2020 年 4 月 10 日于长沙

让乡村孩子享受优质教育，我在路上

　　一颗有生命力的种子，在遇到适宜的温度、充足的空气和一定水分等适宜的环境时，就会发芽吐绿、枝繁叶茂。儿时，环顾这偏僻、贫瘠的山村，我最佩服的是村子里的谭老师。在我眼里他什么都会，拿起毛笔就能洒脱地写对联，张开口就能唱出动听的小曲，谁家有个红白喜事都得请他。德高望重、才智兼备的谭老师受到村子里每个人的敬重。那时候的我总梦想着自己也能够成为一名老师。于是，老师上课时的轻吟低唱、举手投足，我都学习着。玩得最高兴的游戏是跑回家里扮演老师，有模有样地教自己的两个妹妹。初中毕业，在别人面临着选择读高中还是读师范的时候，我自己竟毫不犹豫地报考了攸县师范，为寻找儿时的梦，我决定成为一名教师。

　　渴望成为一名教师的我，1991 年如愿考入了湖南攸县师范，这是一所真正实施素质教育的学校，为湘东地区培养了数以万计的优秀教师。为了自己能成为一名优秀教师，我抓住每一个机会锻炼自己。在读师范的三年里，我当过团支部书记、班长、学生会纪律部部长；参加过美术兴趣小组、书法兴趣小组、校级篮球队、校级舞蹈队。如同海绵一样尽情地吸收着水分，当时我并不知道这些学习对我今后有什么用，我只记得爷爷说过的一句话："这个世界上，有本事的人，到了哪里都有饭吃！"

1994 年，我师范毕业了，渴望择优分配到株洲市教书的我，却因为指标的匮乏，被分配到了茶陵县平水镇中心小学。满怀教育理想、渴望育人成才的我，面对被分配到的学校——破旧不堪的学校宿舍、陈旧落后的教学设备、沉闷压抑的教学环境，我不禁打了个寒战：这就是我梦想的摇篮吗？理想与现实的巨大反差，让我如同掉进了冬日里寒冷的冰窟。在歇斯底里的哭声中，我开始了我的教育生涯……

我是一个在农村读完小学再到城区读初中的学生，亲身经历过乡村教育与城市教育的不同。在县城读书时，我遇到了很多优秀的学科教师，他们在文化学习上给予了我莫大的帮助，让我爱上了学习、学会了学习，懂得了读书是农村孩子改变命运的重要途径。但是，每当聊起教育，我最怀念的还是在湖口镇小潭村村小读书的那段时光。记忆中，村小段观佑校长带领我们下河游泳，让我体会到了运动的乐趣；班主任经常带我们野炊，让我学会了不少生活技能；有一次，老师因为我爬拖拉机而严厉地批评了我，让我懂得了生命的珍贵。城乡教育有很多的不一样，在我的求学生涯中，能够体验它们的差别，不失为一种幸运。

岁月如水，在平水镇静静地流淌了 14 年，在 14 年的教学生涯里，我在五个村级小学留下了足迹，当过村小校长，中心校校长，身在其中时，无不感到艰辛。然而，蓦然回首时，又觉得选择去平水镇教书是一个多么正确的选择。当时，在谭东和主任的支持下，21 岁的我开启了村小校长之路，去的第一个村小是谭主任老家的龙兴小学，这是一所只有 3 个教师，105 个学生，却有 4 个年级的学校。借这个在别人眼里并不绚丽的舞台，我诠释着我对教育的理解、放飞着我的教育梦想！在那个编制紧张的时期，我当校长，欧阳兰桂当教导主任和后勤主任，我们两个人管一个快退休的陈老师。我在这所没有围墙的龙兴小学开启了复式教学，我和欧阳兰桂老师教三、四年级的复式班，也就是那两年的历练，练就了我什么课都敢上的胆识，同时积累了很多教育教学管理方面的经验。在那个小小的学校里，我将在师范学到的舞蹈和美术特长发挥得淋漓尽致，欧阳兰桂也是师范生，且是名副其实的舞蹈特长生。这个时期，龙兴村小的孩子们，在尘土飞扬的小操场上，享受着全县最好的舞蹈教学，我们带着一群从来没练过舞蹈基本功的学生，连续两年摘下了全县文艺调演第一名；我们带着平水镇9名青年教师，连续三年获得全县文艺汇演比赛第一名。当然，村小的生活是寂寞的，为了打发时间，我开始画国画，学校不大，办公室却很大，我画画的时候，很多孩子都围过来，看着我画画，他们的眼神是充满着崇拜的。于是，我带着16个从来不知道什么是美术的孩子画画，播下美的种子。多年后，那一群学生中，谭超考取了中央美院，如今成了城市规划设计领域的顶尖人才；雷谭刚考取了湖南师大美术系，如今成了茶陵县最有名的美术教师之一；还有几个读了与美术相关的中专，从事了与美术相关的职业。我一次不经意的播种，让山里的孩子们拥有了一片灿烂的天空，让孩子们的生命之花得以绽放。就这样，我们通过教师个人能力，在没有校门、围墙、操坪的村小，践行着素质教育，让乡村孩子也能享受优质教育。

2008年，命运之神再次向我抛出橄榄枝，教育局调我到解放学校分管教学工作。解放学校是省示范校，有着深厚的文化底蕴，永不言败的精神在这所学校得以践行。130多位教师，大部分是经过招聘考试进来的优秀教师，学生将近4000人。怎样让这所优秀的学校更加优秀？我从阅读抓起，希望为建设书香校园添砖加瓦。于是，我们有了班级图书角，有了每日诵读，有了作家进校园。那个时期，"书香校园"还是一个新鲜的词语。抓好阅读，自己要做先行者，于是我开始了系列化的阅读：斯霞的母爱教育；窦桂梅的主题语文；王崧舟的诗意语文；朱永新的新实验教育；李镇西的民主教育；刘良华的教师专业发展；等等。读陶继新的《做一个幸福的教师》，让我懂得了做一个幸福的老师需要在专业发展中找到突破、需要在阅读中积淀、需要豁达宽容的胸怀。在这里，一个个有教育思想、教育特色的人开始走进了我的生活，一个个教育理念开始丰盈着我的心灵。读写结合才能更好。2008年10月23日我用自己的名字注册博客，到今天已发表文章近360篇，博客的点击率达到20多万次。用我朋友的话说，我的文章如同我的思想从青涩走向成熟。当然，其中有很多东西是不成熟的，甚至显得幼稚。但我不会把它们删除，因为它们是我成长的见证，能促进我不断地学习与思考，博客能记录教师的个人成长历程。只有教育做得精彩，才能写得精彩，只要坚持反思，就肯定能够成长！我在自己写博文的同时也发动身边的教师善思博学，我们共同创建了"茶陵教育联盟"博客圈，博客圈里面有356名师生，4000多篇文章，点击率达到了36万次。为了让阅读与写作没有围墙，我们建立师生区域学习共同体，以扩大学习交流的范围。全县最优秀的小学教师聚在一起交流与探讨，共同进步。我们的博客圈成了教研沙龙，帮助我们建立起了真正平等、合作、开放的教研关系，也为每位普通教师提供了解决教育问题的一个平台。只是很可惜，六年后，新浪博客圈逐渐退出了视野，但是在这六年的探索与实践中，我们收获满满。三年的书香校园建设，让优秀的城区学校更加优秀，三年的网上教研让优秀的城区老师更加优秀。城区学校不仅有良好的硬件，还有一群优秀的老师和高素质的学生与家长，而且还有那属于解放学校的独特文化。在这三年时间里，我更加切身感受到城区学校优质教育的魅力，也知道了城区教育优在哪里。

2011年下半年，我在肖建玲董事长的邀请下，来到了全县唯一的一所民办学校——世纪星学校。面对刚刚接手的小学部，我感觉压力很大，因为初中部成绩非常优秀，年年第一，而小学部成绩只有中下水平。教育教学质量是民办学校的生存线，如何短时间内提高教育教学质量，让小学部从一般跨越到优秀？我认为应重点抓教师的成长。民办学校教师最大的特点就是流动性大，年龄小，经验不足。为了抓好教师队伍建设，我们开设了世纪星教师论坛，举办了世纪星杯教学比武，以及世纪星实验学校师徒结对活动，并组织了教师的入门课和转正课。一系列的措施，效果是显而易见的。世纪星实验学校的学生两极分化严重，要不是县里面的富家子弟，就是贫寒子弟。对于这些学生的培养，我提出了"六年影响一生"的办学目标，为尽快让民办学校的孩子享受优质教育，我们从"体艺2+1""快乐德育""书香校园""高效课堂""校本课程"和"名师工程"这六个方面来培养学生，力求让孩子们快乐学习，全面发展。六年的时间，小学部学生的人数从700多升至1600多，后三年教学成绩连续获全县第一。在世纪星学校的六年，是我对优质教育思考最多的六年，也是我实践优质教育成效最好的六年。

通过在三个不同类型学校的实践与探索，我发现优秀的教师是让孩子们享受优质教育的关键因素。要让教师成为优秀教师，我作为校长必须是一个优秀的教师。在 2008 年的时候，我决定朝思政教与研的方向发展。也就是在那一年，我被增补为株洲市第四届品德学科带头人。2009 年，株洲市对学科带头人评审进行改革，统一在株洲市进行理论考试及现场上课，我一路过关斩将，最后被评为了株洲市第五届学科带头人。2011 年 6 月，我带着通过解放学校团队打磨的一堂课"我们的历史朝代表"来到株洲赛课，很庆幸，我获得了株洲市的第一名。获得去省里面参赛的资格后，我继续认真打磨这堂课，可是临近比赛的前一个月，左梦飞主任来到我们学校说："你去省里面赛课，必须要换一堂课，因为这次如果在省里面赛课比较好的话，可以去全国参加比赛。'我们的历史朝代表'这堂课有争议，没有把握获得冠军。"于是，我忐忑不安地开始了新课"买食品　看什么"的设计与打磨。比赛前的第三天，最后一次试教，左梦飞主任说了一句："我已经没有办法了，你只能自己救自己。"痛定思痛，比赛前两天，我把自己关在房间里面参悟。功夫不负有心人，最终我获得了省里的第一名。也就在那时，我经过层层选拔和考试，成为了株洲市首届小学品德名师工作室的主持人，作为一位普通的教育工作者，我真切地感受到了教育的幸福！2011 年 12 月，我继续带着我的"我们的历史朝代表"一课，在南昌参加了全国品德课比赛，并如愿以偿地获得了全国一等奖。2014 年，通过层层选拔，我当选为湖南省品德网络名师工作室主持人。同时，我借助这个工作室的平台，培养了一批优秀的教师。这些优秀教师在不同学校，为县里城乡教育一体化做着不同的贡献。

2017 年下学期，我主动请缨到乡村学校去当校长，教育局党委最后给我安排到当时条件最差的舲舫中心小学。踏进校园，我仿佛回到 1994 年工作过的地方，教师没有专门的卫生间、浴室、餐厅，由此可见学校条件有多么差。但是我没有抱怨，我觉得我来到了一个最好的地方，假如通过我们的努力，能够在这个地方实现城乡教育一体化，那不是人生最有意义的事情吗？于是，我们提出"让乡村孩子享受城市教育"的办学目标，围绕"红色舲舫，善行人生"的学校文化主题，开启了善美校园的建设；围绕"舲舫乡教育基金"，优化教育环境；围绕"乡村青年教师俱乐部"，通过"六个一"的活动，开启了善教的教师队伍建设；围绕"扬红善精神，育中国少年"的育人目标，开启了培养全面发展的学生之路。当然，实践没有想象的那么容易，我遇到过无数阻力，来自家长的不配合，来自老师的不理解。走在乡间的小路上，困难可想而知，但我深深知道，道路越泥泞，我们的脚印越深刻。

做一名思政教师我很幸运，作为一名校长我很幸福。我是一个自认为有教育理想的人，为让乡村孩子享受优质教育，我一直在路上。

谭自云

2020 年 4 月 10 日

目 次

学校编

社会编

学校编

　　地处乡村的学校，其实更加需要建设美丽校园，我们要加强学校文化建设，让人踏入校门那一刻就能产生强烈的共鸣；我们要让学生对校园生活有一种美好的向往，从而爱上学校，爱上读书。

红色舲舫，善行人生
——乡村学校文化建设的实践与探索

2017 年，我来到舲舫中心小学担任校长，很多老师都说欢迎我来到将军之乡，我随口一问："舲舫有哪些将军？"而能说出全部舲舫将军名字的只有蒋军生主任，那一刻，我觉得有责任与义务传承将军文化。于是，在蒋老师的支持下，我们开启了"将军文化"传承之路。

学校文化建设从传承"将军文化"开始

一、"将军文化"蕴含着丰富的德育资源

所谓文化育人，就是以文化的手段来育人，即利用人类的所有文化成果来育人。红色文化是中小学德育工作的重要内容之一，将军文化则是红色文化的精髓。"将军文化"是指将军们高尚的品质、伟大的精神、动人的故事等珍贵的精神财富以及与将军有关

的一切教育活动的总和。舡舫中心小学位于将军故里舡舫乡。这里出过谭家述中将、谭善和少将、李俭珠少将、周则盛少将等多名革命家，这是一块红色热土。小学阶段，正是人生观、价值观形成的重要时期，我们可以用红色文化、将军精神浇灌小学生。当一种精神根植于心，人格培养才会事半功倍。将军文化，是舡舫乡的精神图腾，将军的伟大革命精神需要我们去传承，我们要学习他们在革命时期敢为人先、勇于追求，晚年时乐于奉献的精神，我们要教导学生用将军精神铸造实现中华民族伟大复兴的中国梦。

二、"将军文化"课程研发的初心

随着《新时代爱国主义教育实施纲要》文件的发布，国家义务教育优质均衡发展的深入推进，基础性的乡村教育得到了高度重视，创建特色学校文化成为办好乡村教育的重要途径。基于对教育本质和规律的深刻理解，舡舫中心小学以国家教育方针为依据，构建了符合学生发展规律的将军文化育人体系。

（一）初心在于学生的成长

学校全是乡村学生。受环境影响，乡村学生与城市学生有很大差异。集中表现为：学生家庭经济状况普遍较差；家庭教育理念不够先进；家长文化程度不高，对教育不够重视；多为留守儿童，且隔代抚养现象普遍等。不仅如此，从学生平常的行为来看，有的家长缺乏表率作用，无视或忽视自己的不良言行所产生的后果，使孩子在不知不觉中受到不良影响。尤其作为隔代抚养的祖父母，对孩子溺爱、迁就，导致孩子呈现任性、自私、依赖、放纵等消极的性格特点，以至慢慢发展为不良的习惯，如学习不努力、不肯吃苦、懒惰、作业完不成、缺乏解决问题的能力等。有的家长教育方法简单、粗暴，孩子在家庭中感受不到温暖，这样的孩子更容易受到社会上的不良诱惑。

作为德育工作者，我们该怎样帮助学生逐步改善他们的陋习，养成良好的行为习惯呢？有效途径之一是"以文化人"。为了能够帮助学生完成社会化，使其成为具有健全人格和独立意志的社会人，学校"以文化人"这一举措必不可少。而将军文化正是注重培养学生吃苦耐劳和坚定不移的品质。

（二）初心在于文化传承

舲舫中心小学坐落于将军之乡红色故里——茶陵县舲舫乡，地理环境优越，流水潺潺、沟渠纵横，自古耕读传家，人文底蕴深厚，将军文化盛行。作为红色文化重要组成部分，它的内涵是爱国主义的集中体现；同时将军文化对于提升当代中小学生的思想道德素质具有导向作用，能够促使中小学生沿着为社会主义现代化建设服务的方向发展和深造。"少年兴则国兴"，学生只有具有这种强烈的社会责任感和使命感，树牢浓厚的爱国情怀，我们的国家和社会才有希望，中华民族的伟大复兴才能早日实现！传承"将军文化"，在如今改革开放的新形势下，依然是鼓舞、激励学生继续奋斗的强大推动力。在"将军文化"的传承中，学生能够深刻地意识到今天美好生活之不易，更能激发他们传承优秀文化的决心。

（三）初心在于德育创新

创新是德育工作经久不衰的内生动力，是保证传统文化一脉相传的新鲜血液。将军文化的主题定位明确，并且能够与时俱进，切合实际，是很好的德育创新形式。发掘与运用将军文化资源，一定要根据青少年的特点，结合不同的客观环境、不同的时间节点下的氛围和情境，选用恰当的方式和手段，使将军文化的内容与学生的心理情感相融合。活动的目标应该定位于对学生进行爱国主义教育和社会主义教育，激发学生的民族自尊心、自信心和自豪感。让广大学生了解国家和民族的历史，珍惜幸福的今天，憧憬美好的未来。

通过多种社会实践活动，加强对学生爱国主义行动教育。可以组织学生参演战争题材等反映将军文化的话剧，让学生走近将军文化，领悟其深刻内涵。也可以让学生调查走访村子里的老红军、老革命、退伍军人等，听他们讲过去的艰苦岁月，讲他们的革命经历等。还可以让学生编排将军文化短剧，亲身体验参加红色文化活动的快乐。我们要让将军文化在学生的心中深深扎根，来日开出绚丽的花朵。

学校编

三、 将军文化的践行

（一）将军文化浸润红色校园

让墙壁"说话"，营造"红色"校园。让校园的每一面墙壁都会"说话"，是很多教育管理者都崇尚的一个教育理念。在墙壁文化设计时，我们以"将军文化"为主题进行规划，既注意内容的系统化，又合理分散，形成多个板块。在教学楼的楼廊过道上，以"将军人物"为主题，重点介绍曾经开展革命斗争的谭余保主席、谭家述将军、谭善和将军、周则盛将军和李俭珠将军。在主教学楼墙壁的下面这一板块上，我们悬挂了以"红色舲舫　善行人生"为主题的书写展示台。这些板块之间既有联系，又有层次。榜样教育，注重传承。无声的图片与文字，记录了学校与家乡的光荣历史，也诉说着乡村教育的理想与胸怀。

让物品"说话"。从学生的学习用品到学校的办公用品，每一件物品上都印刻着"红色舲舫　善行人生"这八个大字，时刻提醒着我们的老师和学生践行我们的校园文化精神。

让班级"说话"。学校的每个班级都有着自己独特的班名，比如"谭善和将军一营""李俭珠将军一营"等，还配有属于自己班级名称的队旗。

此外，一年级新生一入学，学校就向他们宣传革命前辈们敢为人先、勇于追求、乐于奉献的精神。六年的学习生涯里，学生都接受着这种将军文化的熏陶，接受着红色文化的洗礼。学校通过营造红色校园，培养了学生的集体荣誉感和自豪感，并使他们在传承革命传统过程中增强了使命感。

（二）将军文化蜕变校本课程

让课程"说话"，开发"将军文化"校本课程。"红色校园"文化建设当然离不开德育课程。当前的学校教育中，德育课程还有提升的空间，除了道德与法治是其中比较系统的一门课程外，其余校本课程，大都显得零碎散乱，存在随机性与随意性，缺少系统性与规范性。这种情势下，"红色"校本课程的开发就显得尤其重要。

舲舫中心小学的"红色校园"文化建设研究课题组经过两年多的实践探索与研究，开发了一本校本教材，教材每个章节既相对独立，又相互关联，凸显"红色"元素，以"红色"为主线，让学生忆"红色"，学"红色"，当"红色"。教材重点介绍了舲舫乡各位将军的红色故事，教材按照勤奋好学、坚韧不拔、大公无私、报效祖国四部分内容进行编写。第一章——勤奋好学，人的一生是学习的一生，只有通过学习，才能掌握知识，增强自己的技能，奉献于社会。这一章给同学们介绍了艰苦求学的谭善和少将、学无止境的李俭珠少将、在苏联求学并回国大展宏图的谭家述中将等几位英雄烈士。他们面对艰苦的生活环境，依旧能坚持学习，不断进步，最终成就自我。通过本章的学习，同学们坚信只要像几位将军一样从小养成爱学习、会学习、善于从生活中学习的习惯，就一定能有一番成就，实现自己的人生理想，做一个对社会有用的人。第二章——坚韧不拔，出身将军之乡的我们应如青竹般坚韧挺拔、无畏磨难。这一章介绍了军旅困苦却意志不倒的谭家述将军、历经艰险最终完成任务的谭善和将军、铮铮铁骨并舍身为党的尹宁万革命家等人的故事。学生通过这一章的学习，对这些如青竹般刚毅的将军们有了进一步的了解，学习他们在军旅途中遇到困难时是如何应对的，面对敌人时是怎样不屈不挠的，从而帮助自己培养坚韧不拔的意志。第三章——大公无私，无论是在革命战争年代还是在社会主义建设时期，舲舫的革命先辈们都实事求是、坚持正义、清正为官、廉洁奉公，始终保持着共产党员大公无私、不徇私情的革命本色和严守纪律、严于律己的高尚情操。这一章介绍了铁面无私的谭余保、清正廉洁的谭家述、艰苦朴素的周则盛等革命者的故事，他们具有坚强的党性和高度的组织纪律观念，识大体，顾大局，坚决服从党的命令，执行党的决议，以党的事业为重，不计较个人得失，全心全意地为人民服务。第四章——报效祖国，本章讲述了冲在前锋的谭家述、建设边疆的谭善和、心系家乡的李俭珠等将军的故事，几位将军虽身居高位，但谦恭自持，淡泊为怀，在不同的岗位上兢兢业业，奉献着自己的青春，贡献着自己的力量，为家乡建设、为人民幸福、为国家的强盛做出了巨大的贡献，立下了丰功伟绩。他们是人们敬仰的革命先烈，也是所有舲舫人的骄傲。

在课程实施的过程中，学校按上级规定的课程计划，在地方课程中加入了校本课程，五、六年级一周安排一节将军文化课，用学校统一编印的教材实施教学。在师资配备方面，学校培训部分语文、道德与法治等科任教师，兼任红色校本课程教师，这样，能让红色校本课程与其他课程紧密结合，对学生进行全面系统的红色教育。当前，学校的红色校本课程研究不断走向成熟，学生通过校本课程的学习，也对学校、家乡的红色历史有了全面的了解。

（三）体验活动，践行"将军"使命

让活动"说话"——体验"红色"生活。学校开展的"走将军之路，扬将军精神"主题实践活动是学习将军文化、传承将军精神所开展的第二次活动。为了让学生更加深刻地了解革命烈士们的光辉事迹，学校精心策划了这次活动。当天上午 8:30，在简短的动员会后，由舲舫中心小学全体师生组成的 14 个"将军代表队"浩浩荡荡地出发了。每一位师生的脸上都洋溢着自信，本次"走将军之路"徒步活动全程共计约 16 千米，徒步过程中没有男女之分，也没有大小之别，每一个人都需要通过自己一步一个脚印去完成这具有特殊意义的人生旅途。"敢为人先、勇于追求、乐于奉献"，响亮整齐的口号吸引着当地百姓出门一探究竟，看到此景，他们纷纷为学生点赞。上午 10:40，在六（1）班学生组成的"谭余保一营代表队"的带领下，各方阵队伍陆续抵达洮水电站广场。按计划，队伍在此休整，补充能量。学校的后勤部门为了这次活动也做足了保障工作，给每一位师生准备了面包和水，面对这来之不易的食物，学生吃得格外香甜。六（3）班吴雪瑶同学边吃边说道："我们走了两个多小时，就能吃到这么美味的食物，将军们那时候可

没有这么好，我觉得面包和水胜过珍馐佳肴。"这是多么简单而深刻的感悟啊！学生在潜移默化中受着教育，学生亲身的体验，远比我们课堂的说教更具教育性与启发性。学生简单地补充了能量后，在带队老师的引领下分批次来到洮水革命烈士英雄纪念碑前，向革命烈士英雄纪念碑三鞠躬，以此来表达对革命烈士的缅怀与崇敬。历史之所以不被人们忘记，其中重要的一点就在于它能激励我们后人不断积极进取、奋发图强。雄关漫道真如铁，而今迈步从头越。中国特色社会主义建设新时期，更需要我们继承与发扬老一辈革命烈士的优秀精神品质。我们要发扬光荣传统、传承红色基因，不忘初心、继续前行。作为学生，要从小努力学习，长大后用实际行动报效祖国，这是对老一辈革命家最好的纪念。

让活动"说话"——将军故事我来讲。在将军文化课程和活动的推动下，学校成立了"将军文化解说员"小团队，他们通过对各位将军的红色故事进行学习，加上专业老师的指导训练，现在解说起来也头头是道。每个月我们都会举行"将军故事我来讲"的主题活动。要求这些小小解说员带领其他孩子在校园的文化墙下走一遍，选择一位将军进行解说，可以讲讲将军的学习故事，也可以谈谈先烈们在战争中体现出的坚韧不拔的伟大品质，等等。这样一来，通过学生自己的讲解，"红色岁月"的时空一下就被拉到所有学生的身边。学校还会在每个学期通过评选"十佳将军精神传承者""十佳将军文化解说员"等活动，促进学生的德育提升。

（四）"五善"勋章，传承将军精神

以"传承将军精神"为主题，学校从多方面对学生进行考核，

包括纪律、卫生、学习、诵读等方面，并发放"善智"勋章、"善德"勋章、"善体"勋章等"五善"勋章。无论学生哪个方面进步了，或者表现积极，都会得到一个奖励勋章。只要集够了 10 个勋章，就能得到"士兵"的称号。按照规定，集齐 10 枚为"士兵"，20 枚为"少尉"，30 枚为"上尉"，40 枚为"少校"，50 枚为"上校"，60 枚为"少将"，70 枚为"上将"。这种具象的量化评价体系，使将军精神融入他们的日常行为里，烙印在他们的心里，流淌在他们的血液中。

用虚拟的军衔，让学生们看到具体的希望，这比纯粹的一串数字更感性，也更能激发他们的兴趣。"军衔晋级"制度允许个性出现，在每一个"军衔晋级"中都配以不同阶段的奖励，以此激发学生的兴趣和上进心，提升学生的综合素质。消除应试教育唯分数评价学业的弊端，提高学生整体的人文素养，使乡村校园文化更多元、更具特色。

四、 践行将军文化的成效与思考

让红色教育深入到每一个学生的心中，在学生幼小的心灵里种下"红色"的种子，是践行将军文化的目的。学校以校本课程与实践活动相结合、理论学习与生活体悟相结合、人文教育与养成教育相结合的方式，促使学生实现了多方面的成长。在行为习惯方面，学生深受将军精神的感染，积极上进，坚持不懈；在思想意识方面，传承了将军们的爱国主义精神。另外，学生的人文底蕴、社会担当、实践创新、科学精神等核心素养更是进一步得到提升，学校因此形成了一种"自我激励，海纳百川"的学生善学文化。

学校把青年教师分成四个小组，开发将军文化课程，提高了青年教师课程开发能力。校本课程的开设，为学生的个性教育补充了课程，也加强了教师自身素质的锻炼。在将军文化的熏陶下，在将军精神的感召下，我校青年教师甘于奉献，敬业乐业。在省市级赛课、论文等多种比赛中屡次获得一、二等奖；我校的中老年教师也一直坚守乡村教师的岗位，发挥吃苦耐劳的精神，不忘初心、牢记使命，为培养德智体美劳全面发展的社会主义建设者和接班人默默贡献着自己的力量。全校形成了一种"因势利导，水润无声"的教师善教文化。

随着学校将军文化的推行，学生、家长、教师们身体力行地践行着将军文化精神，也吸引了社会的广泛关注，舣舫乡的一些能人志士纷纷加入我们的教育队伍中，为乡村孩子筹集教育基金，为孩子的全面发展提供一定的经济保障。经过舣舫乡政府同意，成立了"舣舫乡教育基金"，统一接受各地爱心人士的教育捐赠，有针对性地解决舣舫教育问题。正因为有社会各界人士的大力支持，才可能有未来乡村孩子的康庄大道！用自己微弱的烛光照亮身边每一位学生前进的道路，不论力量的多少，只要我们力往一处使，就能披荆斩棘！

"文化育人"是对人的根本特性的回归，是对人的原本发展方式的回归，是对教育最原本功能的回归。舣舫中心小学坚持：植根生活，奠定教育的基础；关注生命，坚持教育的本真；提升精神，实现教育的追求；重塑信仰，恪守教育的灵魂。

依托"水文化"创新学校文化

2018 年，刚刚上任的茶陵县教育局局长费学文来到学校视察，他很赞赏我们的将军文化，当时他还说道："将军文化是刚性，而舲舫水资源丰富，你们应该思考建设刚柔相济的学校文化，至于是什么，需要大家去思考。我们教育局全力支持你们开展学校文化建设，舲舫学校四周环境比较差，我们应该要建设好美丽校园，让孩子们喜欢来学校，从而爱上读书，用文化育人才是教育的最高境界。"费学文局长是个文化人，他是茶陵书法协会的主席，还是湖南省作家协会的副主席。他的话，让我开始重新思考学校的文化建设，将军文化是红色，代表火，与当地的水资源如何水火相容，如何刚柔相济？这个问题一直萦绕我心。

2019 年 3 月 5 日，茶陵县教育局局长费学文再次带领教育股股长刘漫林、基建股股长刘兴、安全办副主任宁山一行来到舲舫中心小学，专程就学校文化建设进行了调研。

"要加强校园文化建设，让人踏入校门那一刻就能产生强烈的共鸣，我们要让学生对校园生活有一种美好的向往！"费局长对舲舫中心小学校园文化建设的打造充满了信心，"去年，我来这里调研，发现舲舫中心小学的校园文化建设很有品牌意识，并且围绕这个文化品牌做了很多活动，也有一定的成效，但是不够精细，硬件建设比较落后。所以当时交给学校一个任务，升级校园文化。今天过来就是来听听、议议学校的文化建设设想！"

"舲舫中心小学地处水资源丰富的舲舫乡的中心地带，这儿拥有典型的丹霞地貌中的红壤，是全县有名的将军之乡。正是依托将军故里和水韵之乡这两大背景，学校提出以'红色舲舫 善行人生'为主题的'红善'学校文化。在具体的实践中，我们加强文化研究，开发善行的校本课程；在师资方面，我们培养了一支'善思''善学''善行''善教'的教师队伍；在社会实践活动上，创新活动，培养学生'善学'的文化品位；而在学校的硬件方面，我们也在力争打造一个'善美'的校园环境。我们以红色立德，立德树人；以善行为标，善行人生。最终实现让乡村孩子享受城市教育的目的。"我就舲舫中心小学的校园文化建设进行了情况汇报。

"听了刚刚的汇报，让我更加深刻地感受到了舲舫中心小学的校园文化。"教育股刘漫林股长在交流会上说，"费局长高度重视活力校园的创建，其中最首要的就是校园文化建设，过去我们开展了'五个一'校园文化建设是茶陵校园文化建设的 1.0 版，这次的校园文化建设应该要成为茶陵校园文化建设的 2.0 版。就舲舫中心小学的文化建设，我提三个意见，一是围绕主题，设计上以红色为主，蓝色为辅，舲舫是将军故里红色土地，所以以红色为主，但也是水韵之乡，善就是取'上善若水'，水的元素可以通过蓝色来体现；二是文化管理是校园文化展示的关键，包括环境展示，师生精神面貌的展示，学校教育教学质量展示等；三是在环境设计上一定要体现水的流动性。"

"艕舫中心小学从新征地开始，我来过多次，每次来，都能感受到校园的变化，刚刚听了汇报，更加深刻感受到艕舫文化软实力非常强。"基建股刘兴股长接过话题继续说，"对于校园文化升级，我提两个建议：一是校徽要提高识别度，同时要加上'茶陵'两个字；二是设计中一定不能过于严肃，应该要活泼有趣，但是要区别于幼儿园。外观设计不能过于普通，避免千篇一律，艕舫中心小学的宣传设计，要有水的形状，体现水的灵动。"

随后，在场人员纷纷对校园文化提出了各种建设性的意见。最后，费学文局长就艕舫中心小学校园文化升级提了四点意见："第一，艕舫中心小学以'红色艕舫　善行人生'为文化主题，这个主题符合艕舫的自然环境与人文环境，值得肯定。刚刚的设想中，对'红色'和'善行人生'的要素做了很好的诠释，但是要加强对'艕舫'两个字的挖掘，艕舫与船相关，教师就是摆渡人，渡化学生的思想，渡送学生到人生理想的彼岸这是大善。第二，校徽是校园文化的核心，应该对校徽进行调整，调整到符合'红色艕舫　善行人生'这个主题，色调以红为主，蓝色为辅。当然，原来里面的要素能够传承的一定传承好。第三，外部环境一定要体现水的流动性，笔记本、作业本、校刊、网站、公众号、财产标识等各个方面都要围绕这个主题进行方案设计。第四，设计好学校文化的代言人，也就是学校吉祥物，以水滴为原型设计'艕宝'，通过平面、动漫和雕塑等方式呈现在校园。相信在艕舫中心小学管理团队的领导下，通过全体师生的努力，以校园文化建设为契机，我们齐心协力，一定能实现让乡村孩子享受城市教育的目标。"

学校文化建设调研活动后，在茶陵县督导室张文志主任的带领下，督导室数名老校长齐聚舲舫中心小学，纷纷为学校文化建设献计献策。在茶陵县教育局的支持下，我们开启了学校文化创新之路。

一、 学校文化创新的背景

建设与实践"红色舲舫，善行人生"的学校文化，有两大背景。一是当地人文背景，舲舫原名苏红乡，是全县有名的将军之乡，这片红色的土地培育了谭家述、谭余保、谭善和、李俭珠、周则盛等革命将领。在学校文化建设中，我们致力传承红色文化。二是自然背景，舲舫当地拥有丰富的水资源，舲舫古名"翎舫"，昔因竹木伐、船舶于此停靠而得名。全乡官溪、洮水、河坞等多个村的村名都与水有关联，这里是水韵之乡。学校文化建设创新了这古老的水文化——上善若水。

二、"红色舲舫， 善行人生"文化建设内容

真正的校园文化不应停留在一些标语口号上，而应形成系统的文化元素，使学生在潜移默化中受到教育，从而达到"教是为了不教"的目的。目前绝大多数学校进行的所谓学校文化建设仅停留在表面，虽然也花了不小的代价，一般会请相关公司进行一些校园文化设计，但由于学校文化缺少内核，很难形成系统，也难以

凝聚成力。缺乏系统性的学校文化建设仅仅是一场校园环境美化装饰活动而已。学校文化系统（SIS）是学校文化整体规划解决方案，主要包括：理念识别系统（MIS）、行为识别系统（BIS）、视觉识别系统（VIS）、环境文化规划系统（EIS）。我们团队围绕四个系统，整体规划学校的文化建设。依托将军故里，提炼"红色舣舫"标识；依托水韵之乡，提炼"善行人生"的育人目标；创建以"红色舣舫，善行人生"为主题的刚柔相济的学校文化。

学校理念识别系统（MIS）是学校的灵魂，是学校文化建设的核心工程，是学校最高层次的思想和战略系统，是学校形象定位与传播的原点，包括办学宗旨、办学精神、办学目标、发展战略、治学方针等，对内可以激励师生为学校的办学目标而奋斗，对外可以展示学校的价值追求。依据教育形势以及学校发展历史、现状规模、办学特点等，本着个性化、人文化的原则，科学定位学校的发展方向和办学理念。通过对校训、校风、教风、学风等进行丰富规范，实现塑造全新的学校教育理念。"红色舣舫，善行人生"的学校理念识别系统包括以下几个方面：

办学理念：笃正念、务当下、享未来；

办学目标：让乡村孩子享受城市教育；

育人目标：扬红善文化，育中国少年；

教师目标：根植乡村，情系乡村，起步乡村，回归乡村；

校训：敢于担当、上善若水；

校风：沉稳灵动、刚柔并济；

教风：敢为人先、海纳百川；

学校编

学风：持之以恒、水滴石穿。

学校行为识别系统（BIS）是学校文化建设的保障工程，是理念与行为的完美结合，是对学校办学、行为方式进行统一规范的动态识别系统。它以学校理念为基本出发点，规范学校行为活动，对内完善组织制度、规范行为；对外进行学校宣传、交流活动等，使学校行为和理念保持统一，并通过行为特征来塑造学校形象。学校行为识别系统具体包括学校规章制度、校本课程、学校传统活动等。学校规章制度的建设，围绕"笃正念、务当下、享未来"的理念。在思想道德建设上"笃正念"，突出传承将军精神，以"敢为人先，勇于追求，乐于奉献"为主题；在教育教学管理上"务当下"，以"让乡村孩子享受城市教育"为办学目标；在师生发展上"享未来"，重视学生的成长的同时也关注教师的素质提升。学校校本课程建设非常丰富，有"将军故里，红色摇篮"课程，传承将军精神，育中国少年；有"持之以恒，每日诵读"课程，传承经典文化；有"滴水石穿，每日一练"书法课程，传承中华优秀传统文化；有"依山傍水，石头说话"课程，创新当地文化；有"我是小小农夫"课程，坚持劳动教育，不忘乡村本色。在传统活动方面，我们有"走将军之路，扬将军精神"的16公里徒步活动，锻炼学生毅力；我们有"竹竿舞"大课间活动，锻炼学生的合作精神；我们有"爱心采茶"活动，培育学生的爱心。

学校视觉识别系统（VIS）是学校文化中最外在、最直观的部分，是以校徽、标准字、标准色为核心的形象系统，它将学校的深层理念抽象转化为具体的符号概念，通过个性化、规范化、系统化的视觉方案将学校的理念和精神传达出去，塑造学校的视觉新形象，给社会公众以良好的印象，从而吸引优秀师资和生源，激发学校成员的活力，提高学校办学质量。我们的 VIS 设计既结合当地实际，又突出自我特征。校徽设计以红色为主，蓝色为辅，内有两条河流。舲舫乡属于丹霞地貌区，红色沃土，水资源丰富，素有"两水一湖"之称。两水为洣水和沔水，一湖为东阳湖。沔、洣水在此交汇并与东阳湖浑然一体。红色为刚、蓝色为柔，刚柔并济。标准字统一使用魏碑，并且把"茶陵舲舫中心小学"和"红色舲舫，善行人生"分别单独做成了文件，可以自由使用，标准字以红色为主，蓝色为辅。这些是学校视觉系统的基础，以此来保证学校视觉形象的规范性和统一性。我们还设计了校旗、校徽、办公用品、公关系统、课室牌、功能室牌、户外标识导向、室内标识导向、设备设施标识、安全警告标识、公益标语标识、温馨提示牌等应用要素部分。学校办公教学用品、学校奖品以及宣传用品和文化宣传设施等都有"红色舲舫，善行人生"的标识。最后还设计了学校形象代言人"舲宝"。舲舫乃水韵之乡，水资源丰富，舲舫中心小学地处舲舫乡中心地带。吉祥物以水为原型，取名为"舲宝"。整体形象以蓝色为主色调，突显形象乐观、充满元气。头部两水与肚白巧妙展现了舲舫代表元素即洣水、沔水和东阳湖，表现了舲舫的特点，同时又彰显了可爱的形象与个性，浑然一体。"舲宝"是一个善良、谦虚、好学、乐观的小精灵，有一双萌萌的大眼睛，充满了好学与探索的求知精神。他善良、纯真，个性独特，乖巧可爱，背上还有一对可爱小巧的翅膀，更显生动、灵气。

　　学校环境识别系统（EIS）是学校文化建设的基础工程，是学校的隐性教育因素。主题突出的走廊文化、教室文化、办公室文化，个性鲜明的校园人文景观都能对学生和教师起到"润物细无声"的效果。学校环境文化建设要做到"五化"，即"净化""绿化""美化""规范化""育人化"。我们校园环境的设计可概括为"灵动丰裕，润物无声"。文化墙设计突出"红色舨舫，善行人生"的文化主题。校门口以学校文化阐述为主，教室走廊以"将军文化"为主题进行规划，注意内容的系统化，在教学楼的走廊过道上，以"将军人物"为主题，重点介绍曾经开展革命斗争的将军及革命先驱的故事。在主教学楼墙壁上，我们悬挂了以"红色舨舫，善行人生"为主题的师生作品，在学校围墙上还设计了名家书法作品展示栏。这些板块之间既有联系，又有层次。校园雕塑设计的"五善舨宝"，从善德、善智、善体、善美、善劳等五个方面分别展示学校在促进学生全面发展上取得的成果。在学生阅览室、录播室、会议室等功能室设计中也注意落实色调、字体等。无声的图片与文字，记录了学校与家乡的光荣历史，诉说着乡村教育的理想与胸怀。

　　我们提炼"红色舨舫，善行人生"文化，促进学校发展。让学生拥有"上善若水"的品德、"海纳百川"的胸怀、"流水不腐"的勤劳、"滴水穿石"的坚韧。

三、"红色舨舫，善行人生"文化建设成果

　　学校依托将军故里，提炼"红色舨舫"标识，多渠道整合教育

资源，提出以刚柔相济的"红色舫舫，善行人生"为主题的学校文化，使得校园的文化底蕴更加浓厚，也因此吸引了《湖南教育》《中小学德育》《株洲日报》《名校文化博览》等媒体进行专题报道。"红色舫舫，善行人生"的学校文化在茶陵县全县学校文化建设展示活动上受到了赞扬。2019 年，荣获"湖南省首届学校文化创新奖"。

构建"五善"课程体系，促进学生全面发展

　　课程体系是指同一专业不同课程按照门类顺序排列，是教学内容和进程的总和，课程门类排列顺序一定程度上决定了学生将获得怎样的知识结构。课程体系是育人活动的指导思想，是培养目标的具体化和依托，它决定了培养目标实施的规划方案。课程体系主要由特定的课程观、课程目标、课程内容、课程结构和课程活动方式所组成，其中课程观起着主宰作用。课程观是指在一定的教育价值理念指导下，将课程的各个构成要素加以排列组合，使各个课程要素在动态过程中统一指向课程体系目标实现的系统。课程体系是实现培养目标的载体，是保障和提高教育质量的关键。

　　我们根据学校特色和教师现状构建"五善"课程体系，一方面重视提高国家课程、地方课程实施的实效性，另一方面，依据学校育人目标和学生需要，加强校本课程建设，变课程建设中的零散探索为系统构建，力求国家、地方和学校三级课程形成实质性互补。特别是隐性课程的提出，为学生发展提供了更加丰富的载体，解决了地方课程与国家课程内容的交叉重复现象，整合实施并提高了国家、地方课程实施的实效性，能最大限度完成国家课

程育人目标，也能解决校本课程特色不足、缺乏实效的问题。

我们学校构建"五善"课程体系，首要是高质量地落实国家课程，促进学生全面发展。国家课程是国家教育行政部门规定的统一课程，它体现了国家对学生素质的基本要求，是国家意志的体现。"五善"课程体系的建设与实施，是针对地方课程与国家课程部分内容的交叉、重复问题，我们将地方课程、校本课程与国家课程整合实施，既整合内容又整合课时，使国家课程育人目标得到强化，地方课程和校本课程目标得以更好地落实。

"善德"课程，突出德育实效。为了落实国家提出的理想信念、社会主义核心价值观、中华优秀传统文化、生态文明和心理健康教育，加强爱国主义、集体主义、社会主义教育，引导少年儿童听党话、跟党走，加强品德修养教育，强化学生良好行为习惯和法治意识，我们以国家"道德与法治"课程为主，学校"主题班会"和"将军故里，红色摇篮"校本课程为辅，结合学校的"走将军路，扬将军精神"和"爱心采茶"等传统德育活动，充分发挥当地将军文化教育基地与丰富的自然资源的育人作用，构建"善德"课程，突出政治启蒙和价值观塑造。

"善智"课程，提升智育水平。国家提出着力培养学生的认知能力，促进思维发展，激发创新意识。学校严格落实国家课程语文、数学、英语的实施教学，确保学生达到国家规定的学业质量标准。充分发挥"乡村青年教师俱乐部"的教师队伍建设作用，引导教师上好每一堂课。通过开展"一块魔方锻炼思维"的活动激发学生好奇心、想象力、求知欲，激发学习兴趣，提高学习能力。广泛开展"一日阅读涵古今中西"的读书活动，拓展学生知识面。

"善体"课程，强化体育锻炼。国家提出坚持健康第一，实施学校体育固本行动。学校精准实施农村义务教育学生营养改善计划，为学生的健康体魄打下坚实的物质基础；学校虽然没有专职的体育教师，但是开齐开足了体育课；同时以购买服务的方式开展好"竹竿舞"大课间和"一根绳子立健康身心"等学校特色体育项目，让每位学生掌握一两项运动技能。学校还会每年举行一次"将军杯"趣味体育运动会。通过"善体"课程，确保学生每天锻炼一小时，健康快乐地生活学习。

"善美"课程，增强美育熏陶。国家提出实施学校美育提升行动，严格落实音乐、美术、书法等课程。乡村学校专业教师匮乏，我们通过网络联校专递课堂，开好音乐和美术课程，通过每天坚持15分钟的"水滴石穿，每日一练"校本课程书法教学。同时开展好"一根竖笛，熏陶美育"和"一笔好字，养好习惯"活动，并通过购买服务的方式，邀请当地艺术工创办"让石头说话"社团和"竹艺"社团，帮助每位学生学会一两项艺术技能。并在每年"六一儿童节"举行小学生艺术展演。

"善劳"课程，加强劳动教育。国家提出充分发挥劳动综合育人功能，加强学生生活实践、劳动技术和职业体验教育。农村是开展劳动教育的大舞台，我们学校征地11066平方米，用作学校劳动实践基地。我们根据班级划分了责任地，同时积极优化综合实践活动课程结构，确保劳动教育每周不少于2节课，并邀请当地农家好把式当师傅，指导学生开展农作物种植活动。同时我们要求家长给孩子安排力所能及的家务劳动；学校坚持学生值日制度，坚持让学生每天一次小扫除、每周一次大扫除。

同时加强隐性课程建设，发挥隐性课程的育人作用。"红色舲舫，善行人生"的学校文化是课程，教师行为也是课程，让学校的一切因素成为学校课程体系的一部分，从而在潜移默化中教育学生。学校隐性课程对学生的影响是巨大的、不可替代的。

课程评价是推进课程体系实施的重要组成部分，具有监控、反馈和调节的作用，所以课堂体系的建立必须要有课程评价机制。随着茶陵县教育局评价体系的进一步深化，我们学校根据目标多元、方式多样、注重过程的评价原则，着眼于促进学校、教师和学生共同发展的目标，建立了新课程课堂教学评价、教师评价和学生素质评价体系。我们学校设计了以"五善"勋章为激励手段的评价体系，从"善德""善智""善体""善美""善劳"五大素养来实施多元化、多角度的激励性评价。学校从多方面对学生进行考核，包括纪律、卫生、学习、诵读等，鼓励学生积极向上，发放"五善"勋章，改变了"以分数论英雄"的局面，促进了学生的全面发展。

"学—教—研—用"四环教研模式

乡村学校教研氛围普遍不好，很多教研都是头一热就开始，缺乏教研规划，教研效果也不够好。造成这种局面，并不是我们乡村教师不乐意教研，而是学校规模小，平行班级少，缺乏教研互动，没有平台，缺乏领头人，缺乏支持。在城区工作的时候，教研体系比较完整，有分管教学的副校长，有教研室主任，有各学科教研组长，而且他们都是一定的学科权威。而乡村学校存在教研人才缺失的现象，因此，在乡村学校开展教研活动，不能墨守成规，需要换思维，换方法。关于模式，很多专家都认为是不可取的，但是身在乡村学校，我却发现通过一种模式来推动教研，却是一个很好的方法。我们学校从一开始也是按照城区教研模式开展教研工作，但总是觉得找不到真正的教研。于是，在教研室主任蒋军生和全体老师的不断努力下，我们依托学校的"将军杯"教学比武平台，打造了"学—教—研—用"四环乡村学校教研模式。

所谓的学，是学习名师的课堂。我们一开始也派老师到长沙听名师讲课，也邀请了一些专家到学校送教，但是达不到预期效果，而且随着办公经费压力不断增大，我们这样的乡村学校很难通过走出去进行教师培训。技术的进步与网络的发展，使得名师、新秀的录像课得以广泛传播，尤其是"湖南省网络联校"工程，更是为广大农村师生提供了许多优秀的课例展示。于是，我们开辟了网上学习的途径，网上观摩名师课堂。我们按照三步走的方式来开展。第一步，明确学习任务，不打无准备之仗。我们按照不同学科，不同主题分配任务，每个年级组负责一个专题，下载不同的名家的录像课进行观摩。随着网络资源的不断丰富，我们开辟了在"学习强国"观课的方式，我们的观看任务明确，比如语文学科包括：拼音教学、生字教学、古诗词教学、课内阅读教学、课外阅读教学、习作教学；数学学科包括：数与代数、几何与图形、统计与概率、实践与综合应用；英语学科包括：词汇教学、字母教学、对话教学、语音教学、阅读教学、语法教学。第二步，提出观课要求，稳扎稳打。观课要注重整体，观摩研讨录像课不能仅仅停留在观摩或者学习某一具体的环节上，还应该让教师学会放眼全篇。观课要留意细节，优秀教师尤其是某些特级教师的课，举手投足间，一句话，甚至一个眼神，都渗透着他们的教育思想。当然，观课我们不仅要关注教师的教，更要关注学生的学。有了要求，教师在观摩录像课的时候，目的性更强了，学得更积极主动了，效果更加明显了。第三步，评创结合，为教奠基。我们虽然通过集体和分散的方式观看，但一定是坚持集体点评，如果缺乏集体点评，那么观摩就会变成一种形式了。观摩名师课堂，学校领导必须全程参与，有没有专业引领不是很重要，重要的是要鼓励

学校编

教师学习向上，塑造一个善于钻研的教师群体。

所谓的教，是同年级教师同课同构。我们每次确定一个主题，确定好课题，让同年级教师进行集体备课，共同设计教学，形成一个共同的教案。然后，同年级的教师轮换上课，年级组内互相听课，然后讨论分析，推选一位教师上主题教研的展示课。每一位教师都在自己的课堂中注入了生机和活力，很好地提升了教师的教学实践能力。因为"同课同构"的课还需要上教研展示课，所以可以增强教师的反思意识。我们学校的教师可以在这过程中互相学习，在教学思路碰撞中实践，在实践中反思，在反思中共同成长。

所谓的研，是全校教师共同教研。一是以全校各学科教师为团队开展教研。乡村学校规模小，语文、数学学科教师相对还多一点，英语教师很多就是一个年级一个老师，所以很多主题教研就不能以年级为单位，而是以学科全体教师为团队开展教研，增加教研的互动性。二是按学段分主题类别建模。乡村学校很难做到主题分年级教研建模，我们学校语文和数学采用的主题教研只好按照一、二年级为低年级组，三、四年级为中年组，五、六年级为高年级，分类别、分学科进行教研，形成教研成果，建立主题教学模式。而英语只能按照三至六年级，以词汇教学、字母教学、对话教学、语音教学、阅读教学、语法教学为主题建模。三个学科主题教学模式的建立有利于年轻教师快速成长，有利于提高学校的教育教学质量。

所谓的用，就是检验主题教学模式的运用。如果教研缺少

"用"这个环节，就不是真正的教研。全体教师智慧凝成的主题教学模式一定要用到实处。我们学校教研室的最重要的作用在于对教研成果运用的考察。教研室会根据教研成果，对没有参与实践的教师进行听课，听课采用申请的模式，也就是当教师自己觉得内化了这个主题的教学模式，就向教研室提出申请，教研室再组织本年级教师进行考核听课，如果不能过关就必须要进行第二次听课，直到达标为止。这样的落实有利用青年教师的快速成长。而对于成熟教师，我们不进行考核听课，因为很多的主题教学模式，都是按照他们的思路进行构建的，在一定程度上，他们是考核的实施者。其实在不断的考核中，全体教师都能得到成长。

学校教研，就是为了改进学校的教育教学，提高学校的教育教学质量，从学校的实际出发，依托学校自身的资源优势和特色进行的教育教学研究。学校教研是基于校级教研活动的制度化规范，其基本特征是以校为本，强调围绕学校自身遇到的问题开展研究。学校是教学研究的基地，教师是教学研究的主体，促进师生共同发展是教学研究的直接目的。教研有法，但无定法，适合各自学校的教研、有效果的教研就是好的教研。

学校编

"先生"高效课堂教学模式

提起"先生"一词，大家脑海中肯定想到的是民国时期大家对老师的称号。究其深意，"先生"字面的意思表示出生比自己早，年龄比自己大的人；另有先接触陌生的事物的意思，引申为先接触陌生事物的人。因此，古代称人为"先生"有向人学习的意思，正所谓"达者为先，师者之意"。后在现代汉语语境下，"先生"一词引申为对人的一种尊称。"先生"一词，惯常称呼上都要加姓，称"某先生"，但在我们的民族文化中，它另有深意，那就是对三尺讲坛上的教书匠的称谓。我们所提出的"先生"包含两个层面，即"先生后师"和"先师后生"。

在乡村学校工作，我们要面对最多的是两类教师，一是有热情没有任何经验的青年教师，二是有经验没有热情的年长教师。在我们学校也有这些现象，如何在这个两极分化的状况下，建立一种大家认可的高效课堂教学模式，确实需要在实践中去探索。萌生建设"先生"高效课堂教学模式的这个想法，是基于我对全乡教师听课后的感想。为了摸清情况，2017 年下半年，我的主要精力放在听青年教师的课，指导他们如何站稳讲台上，到了 2018 年上半年，我主要是听取学校 50 岁以上教师的课。听课后，我总结了两代教师的优缺点，青年教师有新课程改革的理念，能够尽量突出学生的主体性，但是不能解读教材，课都是跟着 PPT 走，甚至不敢用粉笔去板书。而 50 岁以上的教师能够很好地解读教材，抓住教学重难点，且都是一根粉笔走天下，多媒体也就用来展示练习题而已，但在教学中偏向以教师为主体，一讲到底现象比较严重。如何扬长避短，发挥教学最佳效果，在乡村学校进行课堂改革？我认为一定要有的放矢，一定要具备可实施性，一定要简单易懂。通过思考后，我提出"先生"高效课堂模式，用两个意识来统一课堂。即上课前做到"先师后生"，课中做到"先生后师"。

所谓"先师后生"，就是在教学活动开展前，教师要先于学生做好准备。备好课是上好课的前提。对教师而言，备好课可以加强教学的计划性和针对性，有利于教师充分发挥主导作用。一般说来，备课要做到"三备"，一是钻研教材，它包括钻研学科课程标准、教科书和相关阅读参考书。钻研学科课程标准是指教师要清楚本学科的教学目的、教材体系、结构、基本内容和教学法的基本要求；钻研教科书是指教师要熟练掌握教科书的内容，包括教科书的编写意图、组织结构、认知结构、重点章节等；钻研阅读参考书是教师应在钻研教科书的基础上广泛阅读有关参考书，精选材料来充实教学内容。二是了解学生。首先，要考虑学生的年龄特征，熟悉学生身心发展特点；其次，要了解班级情况，如班风等；再次，要了解每一个学生，掌握他们的思想状况、知识基础、学习态度和学习习惯等。三是设计教法。教师在钻研教材、了解学生的基础上，要考虑用什么方法使学生掌握这些知识以促进他们学科能力、学科素养、情感态度与价值观、品德等方面的发展，要根据教学目的、内容、学生特点等来选择最佳的教学方法。我们提出的"先师后生"还要求教师备课要找好四个点，教学重点、教学难点、知识训练点、能力提升点，围绕着四个点思考如何设计教学环节。

所谓"先生后师"，是在教学活动中先让学生尝试再由教师讲解。我们不缺教学环节的灵活使用，我们缺的是这种意识。在课堂改革中，一般人认为最难改的是年纪大的老师，其实我不这样认为，年纪大的教师基本功特别好，而且能够熟练掌握课堂教学各个环节，只是需要让大家脑海中，树立"先生"意识，在任何环节、任何情景、任何问题中能够让学生先来的一定让学生先来，老师绝不包办代替。为了赶所谓的进度，而通过讲授法开展教学，学生的学习能力难以得到提升。而"先生后师"是可以极大提高学生的学习能力，学习能力有了，教学进度自然快了，教学效果自然好了。当然，我们也设计了教学的环节，具体包括五个环节：学生通过导学案进行预习；学生小组合作学习；教师激励学生展示；教师引领学生探究；教师对学生进行达标检测。学生通过预习、合作、展示、探究、测试完成学习内容；教师通过导学、参与、激励、引领、测评完成课堂教学。在教学中，以上各个环节都要注意体现学生与教师互动的过程。但是，我认为青年教师可以按照环节，步步为营，而成熟教师只要树立好"先生"意识，就可以达到"无招胜有招"的境界。

　　"先生"高效课堂模式，其高效的关键在于教师树立在课前"先师后生"，在课中"先生后师"的意识。唯有突出学生主体地位，让学生学会学习才是高效课堂。

午读让乡村孩子养成良好学习习惯

我们虽然是一所乡村学校，但是我们有个杰出的校友北大教授蒋洪生，在他的帮助下，学校 2012 年就开始了课外阅读的实践。2017 年，我来到这里，在原来的基础了上继续推动阅读。我们投资二十多万，为每一个村小都建设了带有空调的阅览室，我想让阅览室成为学校物质文明和精神文明的亮点。我一直认为，阅读是最昂贵的教育，因为真正的阅读是伴随终生的；阅读也是最廉价的教育，因为阅读的成本是最低的，随时随地都可以和伟大的思想家交流。阅读是一种力量，它能让贫困的乡村变得富有，阅读是一种力量，它能带领乡村孩子看到外面五彩缤纷的世界。

众所周知，阅读是一项长期的工程，短时间内确实难以见效。管仲曰："一年之计，莫如树谷；十年之计，莫如树木；终身之计，莫如树人。"人格的培养与习惯的养成不是一朝一夕的事，需要长时间的积累与沉淀。因为大部分学生都是中午在学校就餐，而就餐后学校无法提供全员午休，所以利用餐后半个小时进行阅读。一直以来，学校的蒋军生老师负责午间阅读，具体说来我们是这样落实的。

明确管理责任。利用语文老师来管理"午读"工作，能较好地完成任务。为明确老师责任，学校在开学初制定了《创建"书香校园"前期工作安排》，由 6 名行政老师参与语文老师的"午读"等一系列的管理工作。将课桌收拾、书包整理、书柜清理、图书领借、阅读报告册填写指导、阅读活动参与、"阅读之星"评比等一并纳入班级"午读"管理范围内。2017 年，学校将每天下午第一节课纳入语文老师工作量范围内，明确了工作任务，班级"午读"管理工作得到了充分落实。

充分利用小管理员。2017 年，对学校图书馆里的图书实施了电子化管理。为了减轻图书管理老师的工作负担，学校采取利用学生管理图书馆的方法，收到了良好的效果。鉴于此，学校每学期招聘一批午读小管理员。每个月对小管理员召开总结会议，对表现优秀的小管理员进行表扬，并就工作的问题提出整改意见。每个月有一次小奖励，一个学期结束后，会有一个大的奖励，一般为奖状或图书、文具等奖品，极大地调动了小管理员们的工作积极性。

设置午读通报牌。"表扬"似一缕阳光，似一丝春风。我校在教学大楼楼梯口的大门上悬挂了一块"今日午读情况通报"牌，专门通报当日午读动态，表扬那些在午读过程中表现得好的班级和个人。每天设两名午读管理员，由学校图书管理人员来抽查监管他们的管理行为。出现管理缺位的行为则会被记录在册，并影响到期末评优。所以，学生管理得非常到位，每天各班午读的"好""中""差"记录得非常准确，这也为评选"书香班级"提供了可靠的依据。

设置"图书漂流亭"、茶座书吧、"米粒书屋"。 在学校的走廊、过道、楼梯间下，设置"图书漂流亭""米粒书屋"，实施图书开架自取模式。2017年下学期新增5个茶座式书吧，并投入数百本新图书，让学生自由取书、看书，不需要任何借阅手续就可以快速地取到自己想要看的图书。此种模式不仅帮助学生养成一种良好习惯，更是培养一种文明、一种素养。

班级考评促午读。 午读的班级考评，重点考察语文老师在午读中的管理水平和能力。评估内容包括10大项：班级管理、图书管理、课桌收拾、书包整理、教室卫生、看书坐姿、阅读报告册撰写（每天记录）、各类阅读活动组织、图书保护、阅读课读书指导。每月进行的一次评比，主要是针对各班的阅读行为和习惯而制定的一个奖励方案。对于在短期内达到共同提高与促进的班级，每个学期奖励一次。另外，通过班级现场察看、抽样调查、看学生获奖情况、询问等方式进行专项奖励。

开展活动促午读。 其一，开展"阅读之星"评比。语文老师根据《阅读记录表》及学生完成的《阅读报告》，凭阅读数量与阅读报告优劣评定"阅读之星"（每学期两次）。评定的依据包括：阅读图书数量是否达到规定的册数、图书记录表的填写是否规范；阅读报告撰写是否认真、语句是否通顺、内容是否充实；读后感是否说出了自己的观点与想法。其二，开展讲故事比赛。学校及各班经常开展讲故事、诗歌朗诵比赛。通过讲故事比赛，学生的语言表达能力、倾听能力、阅读能力等得到了锻炼，更重要的是，学生的胆量得到了锻炼，变得更加自信了。学校为学生营造了一个学说话、敢说话、会说话的氛围，提供了一个展示自己才华的舞台。讲故事也是一种提高综合素质的训练方法。因为，学生在准备故事的过程中，精神会高度集中，要经历阅读、理解、思考、语言组织和表达等一系列复杂过程，它能帮助学生从整体上提升综合素质。其三，开展读书征文活动。每学期进行两次读书征文活动。首先在各班开展征文活动，再组织全乡的作文竞赛活动。将优秀作品集中进行展示，并及时给予奖励。其四，开展读书小报设计活动。积极加强与报刊社的联系，学生将在阅读中的收获、感言写下来，制作成一张读书小报，参与学校校刊或出版社的一些征集活动。这样的活动，给学生带来了充实与快乐。书香常伴，让人生这本"书"变得墨香缕缕、书香怡人。

2012年6月19日，《株洲日报》针对学校的阅读活动刊登了《学校奖读 学生爱读》的文章；2012年7月3日，湖南教育电视台对学校进行了"别样青春"专题采访；2013年6月20日，湖南教育电视台对学校进行了"梦想行动：书中的翅膀"专题采访；茶陵电视台也多次对舲舫中心小学阅读活动进行了专题采访；2015年，株洲市教育专家赴舲舫中心小学作阅读现状调研，学校受到市专家好评；2016年12月，《茶陵舲舫小学：海外学子阅读筑梦十二年》刊发在湖南教育新闻网上；2017年，舲舫中心小学学生读书月活动获美国欣欣教育评比第一名。

2017年下学期，舲舫乡正式启动村级小学教学点午读活动。以舲舫中心小学阅览室为样本，向全乡七所村级教学点进行阅读活动推广。舲舫中心小学挤出有限的经费29 000余元，专门为7

个村级教学点的一、二年级学生购买了绘本读物，添置了数万元崭新图书柜、课桌椅，为每个阅览室购买了立式空调一台，并粉刷与装修了阅览室，校园文化氛围变得浓厚。各村级小学设立班级图书角，为每位学生配置一本阅读报告册，每天的阅读活动与中心小学同步进行，图书室全天候向学生开放。阅览室成为当地学生精神生活的家园。

鼓励学生多看书，勤阅读，是我们耳熟能详的话。阅读最重要的是，看是否读出了一个人的优秀品质，是否读出了一个人的良好心理素养，这也是我们教育工作者长期探究的一个话题。

相信背诵的力量

　　我的教育理想是让乡村孩子享受城市教育。在乡村教学的过程中，我发现了我们乡村孩子很多的闪光点，但也发现了很多的不足。比如，乡村孩子语文总体水平比不上城市里面的孩子，这是多种因素导致的，短时间内拉平差距估计很难。但是我们可以笨鸟先飞，背诵就是一种途径。乡村孩子与城里面孩子比，有一个突出品质，就是能够吃苦耐劳。

　　背诵，是提高阅读理解能力的基石。我认为语文教学就是培养学生的听说读写能力，高考的一个重要方面就是考学生的阅读能力，所以阅读理解能力是关键。乡村孩子阅读理解能力较差，于是我们很多的老师怨天尤人。其实，我们忽视了背诵的力量，背诵是一切语文教学的基础。早年，章太炎在台湾做记者，一次与同学李书聊天，他自信地说："在我所读的书中，95%的内容都可以背诵出来。"李书不信，认为这是不可能的事，于是把自己读过的经书全搬了出来，想考倒他。不料，章太炎如数家珍，连哪一句出自哪本书的哪一页都丝毫不差，让李书佩服得五体投地。有这样的背诵功力，章太炎后来成为海内外闻名的国学大师，想想也就没什么好奇怪的了。

背诵的重点是经典诵读。我在北京学习时，老师天天带着我们诵读《大学》，刚开始，我觉得老师矫情，读着读着，发现经典有无限的力量，读着读着，明白了"读书百遍，其义自见"的道理。也有一种观点说，背那么多东西没用，净浪费脑细胞，需要的时候去查一下，不就全有了？这话固然有理，但别忘了，如果没有查阅条件时，肚子里没有装上几十万字的东西，那可就抓瞎了。如今的高考，古文阅读是一个重点，如果没有背诵，何谈理解，如果我们连古文都读不通，何谈高考。王勃的《滕王阁序》是即兴发挥，用了那么多典故、名言，他上哪去查啊？文天祥在牢里写成的《正气歌》，旁征博引，洋洋洒洒，如果没有平时的积累和记忆，恐怕也是难成其事的。

背诵，让文理相通，互相促进。大数学家苏步青背数学公式肯定是如数家珍，没想到背古文也是他的强项。他读小学的时候，天天背诵《左传》《唐诗三百首》。到毕业时，这两部书他已能背诵如流。刚进中学，老师不相信他能写出《读〈曹刿论战〉》一文，顺口举出一篇《子产不毁乡校》让他背。他一口气背完，说："整部《左传》，我都可以背下来。"文理相通，互相促进，苏步青的成就就是一例。1933 年 9 月，钱锺书在私立光华大学外文系任讲师，兼做国文教员。当时，钱锺书和同事顾献梁同住一个房间。一天，他看见顾正在埋头钻研一本《外国文学批评史》，于是随便说了句"我以前也读过这本书，不知道现在是否记得其中的内容，你不妨抽出其中一段来考考我"。顾不信钱锺书有如此好的记忆力，于是专门挑出最难念的几段。而钱锺书却面带微笑，从容不迫，十分流利地全部背了出来。钱锺书后来被誉为"文化昆仑""民国第一才子"，这与他的过人记忆不无关系。

背诵，会背的东西才真正是自己的东西。杜工部说："读书破万卷，下笔如有神。"一是弄懂，二是熟记。所以，民间也有"熟读唐诗三百首，不会作诗也会吟"的说法，话糙理不糙。博闻强记的能力从哪里来？让我们的孩子在流体智力最好的时期，好好背诵，抓住背诵能力的关键期，练好童子功。从对孩子终身负责的道义上来讲，我们教师有责任与义务带着我们的乡村孩子背诵经典。从《大学》开始，打卡诵读一百遍，践行"读书百遍，其义自见"。今后我们可以编写《乡村小学经典诵读》校本教材，让背诵经典成为我们舲舫中心小学孩子们必修的课程。多年后，孩子们也许忘记了曾经教他们背诵经典的老师的名字，但是他们一定记得背过的经典。拥有过目成诵天赋的人少之又少，凤毛麟角，普通人唯有靠苦读苦背，"三更灯火五更鸡"，舍此没别的捷径可走。当然，背书不是死记硬背，还要融会贯通，灵活运用，这才是最重要的。

让我们一起来见证孩子们诵读经典的快乐与艰辛，一起来见证孩子们诵读经典后未来的精彩人生！

城乡孩子友好结对"手拉手"活动

2019 年 5 月 2 日，为了让乡村孩子享受城市教育，茶陵县舲舫中心小学与芦淞区樟树坪小学开展了城乡孩子友好结对"手拉手"生活、学习、情感体验活动。活动在杨璞玉校长的精心组织、辛勤筹备下顺利开展。本次活动得到了樟树坪小学全体师生和家长的大力支持。尤其是其中 12 名家长付出了辛劳，在生活、学习和情感上给予了无私奉献。

在"手拉手"活动中，前三天孩子们都是在樟树坪小学教室里跟班学习，孩子们深刻地体会到了城里孩子的学习任务、学习方式和对待学习的态度。为了拓展孩子们的视野，让乡村孩子感受城市的现代化气息，在樟树坪小学杨璞玉校长的统筹安排下，第四天上午大课间之后，朱四湖副校长带领舲舫中心小学的小客人们到户外进行了参观。

参观的第一站是樟树坪小学的怀源堂。怀源堂是为了纪念炎帝神农氏而筹建的，孩子们深情地看着炎帝古朴的塑像，认真倾听朱四湖副校长对炎帝文化的解说，了解炎帝为社会发展所做出的贡献。接着，乘坐公交车，去参观株洲市规划展览馆。通过"印象株洲""蓝图总览""豪迈开拓"三层展厅，整体感知了株洲的昨天、今天和明天。参观了科技模型，体验了动感踩吧，还在声光电一体化的 4D 影院里"身临其境"地感受了株洲城市发展史。

这次参观活动，丰富了孩子们的见闻。株洲的美丽容颜，株洲的火车、无人机等现代科技让他们感受到了这座城市的飞速发展，也鼓舞着他们好好学习，自强不息，勇于进取，做一个合格的社会主义接班人。

"手拉手"活动后，我在城乡孩子交流群里看到樟树坪小学四年级 4 班李斯璠妈妈写下了这样一些话：

小思雨 6 点不到就悄悄地自己刷牙、洗脸、梳头了。我伸头去探，黑暗中，她轻轻地说："阿姨，吵到你们睡觉了吗?"我问她怎么就起来了，要不要多睡下，她告诉我她已经醒了三次了，实在睡不着了。我听了心头一震。我给她开了灯，告诉她，璠璠的书和玩具她都可以用可以玩，然后给她切水果，拿钙片。小思雨特别有礼貌，为她做一点点小事，她都会连声地说谢谢。当我再去看她时，她在很投入地做手帐，贴花边，写字，非常认真。出于好奇，我走近了仔细地看了看她，头发梳得很熨帖，字也写得很漂亮，床上的被子像豆腐块一样的叠好了。

她突然停了下来，去我房间叫璠璠，问她尺子在哪里。两个小孩一起聊起来。女儿正惺忪地揉着眼，她只有在学校排节目时才会起得早。我看着她有红血丝的眼睛问她还要不要睡会儿，她斩钉截铁地说："不睡了!"比平常更加麻利地完成换衣、洗漱。

璠璠想和思雨一起做手帐，我则想让她们一起早读。看璠璠为难的表情，我拉她坐下，给她看其他"手拉手"活动家庭的情况。当我还在跟女儿聊天时，思雨已经到客厅为璠璠搬椅子去了，瘦小的身体与庞大的椅子形成鲜明的对比，璠璠见状，也连忙去帮思雨抬椅子。抬完椅子，安坐后，两人就一边做着手帐，一边说着自己早上的安排，还时不时传出开心的笑声。

在与思雨短暂的相处中，我们感受到了她与同龄孩子不相称的懂事和干练。我家的小生活正在慢慢地发生着变化。非常感谢樟树坪小学、舲舫中心小学这次的"手拉手"活动，让孩子拥有了一个不一样的童年，让我们家长有了一段特别的心路历程。

把孩子们送到城市里面去，学校有一定的压力，孩子的父母也很担心。好在一切都那么顺利，城乡的孩子们成了好朋友，城乡的家长也成了好朋友。下面是舲舫中心小学段梓谦妈妈在孩子去株洲第三天的时候，写给孩子的一封信。

亲爱的孩子，今天是你去株洲学习的第三天。这是你第一次离开父母，投入到一个陌生的家庭，加入到一个全新的班级。妈妈想此时的你应该是兴奋、激动的，同时，也会有一点点忐忑不安。

那天看着你远去的背影，妈妈努力地掩饰着自己内心的不舍，千叮咛万嘱咐，要你在那边做个讲文明、懂礼貌的孩子，你自信地昂起头说："妈妈，放心吧，我会认真学习，做个好孩子的，我已经长大了，也会照顾好自己的！"是的，你已经长大了，雄鹰总有展翅单飞的那一天，妈妈相信你能做到！

老师每天都会在微信群里分享你们在那边生活、学习的点点滴滴，视频中看到你开心的笑脸，我感觉之前所有的担心都是多余的，你说易小翔和你已经成为好朋友，你说你还想在株洲多住几天，这所有的一切都足以证明，你是幸运的，因为学校给予了你一次宝贵的学习、交流机会；你是幸福的，因为小翔一家给予了你无微不至的照顾。

亲爱的孩子，当得知小翔爸爸下班后破例陪你下象棋，奶奶为你亲手包馄饨，妈妈就算加班，回家的第一件事情就是帮你检查作业时，你知道吗？我是多么的感动，所以，你一定要好好珍惜这份特殊的情谊，好好感受这段不一样的童年时光，妈妈相信这次的城乡孩子友好结对"手拉手"活动会让你收获满满、受益终身！

城乡孩子友好结对"手拉手"活动，为乡村孩子和城市孩子提供了交流学习的平台，让他们体验到了城乡生活的差异，也将成为他们成长路程中最美好的回忆。

"爱心采茶"社会实践活动

　　社会实践活动是培养学生创新精神和实践能力、提升学生综合素质的有效途径，是实施素质教育的良好载体。它也是"综合实践活动"课程的一部分，是一种全新的课程形态。社会实践活动能增强学生对社会的认识和理解，增强学生的社会责任感。学生能更好地感触生活、融入社会。舲舫中心小学结合当地的实际，不断开展社会综合实践活动，旨在培养学生德智体美劳全面发展，让乡村孩子真正享受城市教育。2018 年 3 月 20 日上午 7:40，舲舫中心小学四、五、六年级的全体师生有序地集中在操场，以年级为单位出发，去到校外的茶叶基地，参加"爱心采茶"的社会实践活动。

　　茶陵的洣江茶场是有名的茶叶基地，舲舫中心小学紧紧抓住这一邻近资源打造校外德育课堂。"爱心采茶"实践活动，一方面能让孩子们在采茶实践活动中亲近自然，体验茶农采茶的艰辛，争做勤劳少年；另一方面能促使他们将这种体验内化于心、外化于行，学会感恩，学会奉献，做一个像"茶"一样醇厚的人，做一名爱心小天使。

上午，孩子们陆续抵达采茶基地，一下车就兴奋地走进了茶园，在各班老师的带领下，同学们有序地排好队，聆听了我们这次活动的总指挥谭政老师对于采茶技巧的介绍。接着，他们找到自己班级的活动区域，两两一组往茶树林走去。看着鲜活嫩绿的芽尖儿，孩子们都情不自禁地用小手去抚摸。在采茶的过程中，孩子们无比认真，他们来回奔忙于茶树丛中，低弯着腰，精挑细选地把片片嫩芽放入自己的碗中。我们的老师们也毫不示弱，一一走进茶树丛里就给孩子进行示范和指导，和孩子们共同采茶。

"老师你看，我已经采了这么多了!"六(2)班李志旭同学得意洋洋地说着。接着就有另一个班的同学说:"我们班采得更多呢!"孩子们都不甘于后，各自为自己的班级加油打气。六(3)班的周玉婷同学边采茶边说道:"通过这次采茶，我体验到了劳动人民采茶时的辛苦，这次活动之后，我一定要好好学习，并且在今后的学习和生活中更有耐心。"在这充满生机活力的三月，全体师生做了一回茶农，体验着劳动带来的快乐和充实。

下午三点钟，我和谭政老师、秦惠娟老师一起带领着我们的学生代表，拿着采茶所获得的788块钱走进了超市。让孩子们挑选老人们喜欢的食品，大家争先恐后地拿着袋子仔细挑选，迫不及待地想要把买到的零食送去给舲舫乡敬老院的老人们。

一进敬老院门，孩子们立刻分工，有的提着牛奶、蛋糕、果冻去分发给爷爷奶奶们;有的开始和这些老人们聊天，炫耀着这些礼物都是用自己劳动所得的钱买来的。老人们接过礼物后感动不已，鼓励我们的孩子们要好好学习，长大成材。我也借机向孩子们说道："你们只有努力学习，积极上进，才有能力去奉献社会，去传播更多的爱给他人。"孩子们纷纷点头以示赞同。

爱心采茶之旅，不仅使孩子们融入了大自然，体验了劳动的辛苦，收获了喜悦，还教会了孩子们关爱老人是中华民族的传统美德，需要我们用行动去传承。

同在一片蓝天下——留守儿童关爱

一、"同在一片蓝天下"实施背景

目前关于我国留守儿童的统计，因统计方式不一、统计难度较大，而没有获得精准的数据，但其数量之多是毋庸置疑的。2017年9月，我县统计数据表明，79.7%的留守儿童是由爷爷奶奶或外公外婆抚养，13%的留守儿童被托付给亲戚朋友，剩下的7.3%为不确定或无人监护。留守儿童的成长和成才遭遇挑战，他们大部分由祖辈照顾，隔代培养。父母监护教育角色的缺失，对留守儿童的身体和心理都造成了不良影响。留守儿童的教育，比流动儿童的教育，显得更为迫切。

1. 留守儿童的身体健康成长面临挑战。一方面，留守儿童因为缺少父母监护而遭遇生命危险的情况时有发生，留守儿童的安全受到威胁。另一方面，隔代监护人在科学喂养、合理搭配饮食方面缺少经验，远在城市工作的父母出于补偿心理，常常给孩子较多零花钱，而这些零花钱多被孩子用来购买没有营养的"垃圾"食品。长此以往，留守儿童饮食不规律，严重影响身体的健康发育。

2. 留守儿童的心理健康发展面临挑战。由于亲情的缺失，相当一部分的留守儿童变得内心封闭、情感冷漠、自卑懦弱、行为孤僻、性格内向。他们缺乏爱心和交流的主动性，脾气暴躁、冲动易怒，常常将无端小事升级为打架斗殴。如果心理疏导不及时，有些孩子的逆反、怨恨情绪会滋生蔓延，甚至会走向报复社会的歧途。

3. 留守儿童的教育教学质量面临挑战。留守儿童的家庭监护能力薄弱，导致一些孩子不能形成良好的学习习惯。在学校，很多留守儿童对待学习没有计划，也没有兴趣，经常不交家庭作业，自由散漫、迟到、早退、旷课现象经常发生。走上社会，他们又往往因为不能在人生观和世界观形成的关键时期得到父母的引导和教育，而沾染各种恶习，甚至走向犯罪。

二、"同在一片蓝天下"实施策略

（一）搭建家校沟通的平台

现在留守儿童的家长大部分是 80 后，能够很好地运用现代化信息设备。针对这种情况，舲舫中心小学建立信息互通的三个平台——班级 QQ 群、校讯通和舲舫中心小学微信公众号平台，让家长能随时随地了解孩子在学校的学习情况。同时，班主任坚持每个学期给家长写一封信，每个月主动电话联系学生家长一次，汇报孩子的三个优点，提出一个在孩子教育方面需要家长配合的建议。通过这样一些方式，真正达到在思想教育上学校和家庭一盘棋。

（二）成立留守儿童关爱研究中心

以株洲市道德与法治名师工作室为龙头，茶陵县教育局在舲舫中心小学成立"茶陵县留守儿童关爱研究中心"。搭建研究中心和研究点相结合的平台，遴选了 8 所学校作为留守儿童关爱研究点。各研究点确定研究重点，以点带面，点面结合，研究和开展留守儿童关爱活动。遴选 30 名优秀教师，成立留守儿童关爱研究工作小组，建立留守儿童关爱研究工作 QQ 群，并及时交流。

（三）丰富留守儿童课外活动

1. 开展"留守儿童集体生日"活动。很多孩子最想父母的时候是自己过生日那天，为了让每个孩子过好生日，我们采用班级集体过生日、学校集体过生日等形式让孩子感受到家的温暖。班级集体过生日，班主任会与家长先沟通，根据家长的意愿，自行购买生日礼物和生日蛋糕，在孩子生日当天给孩子过生日，全班学生一起庆祝。学校集体过生日，每个月学校举行一次生日聚会，让没有在班级过生日的留守儿童一起来过生日，有嘉宾的祝福，有校长的祝福，有老师的祝福，也有同伴的祝福。每一次集体生日都是一次爱的教育，都是一次师生情感的升华。

2. 开展"留守儿童快乐周末"活动。周末是留守儿童最难受的日子，为了让孩子们过好周末，我们开展"留守儿童快乐周末"活动，周末陪伴的教师增加到 3 人，包括 2 个文化课教师和 1 个体育教师，把留守儿童进行班级化管理。并且陪伴的老师会给孩子们上大课，星期六上午 2 节文化课，主要是辅导学生完成家庭作业，下午两节课外阅读课，晚上在教室里面看电影；星期天上午 2 节文化课，也主要是辅导学生完成家庭作业。留守儿童在学校可以快快乐乐过周末。

3. 开展"成长爸爸、成长妈妈"活动。为了让留守在家的孩子同样能感受到父母般的关爱，我们学校开展了"成长爸爸、成长妈妈"活动。成长爸爸、成长妈妈由学校老师自愿报名参加，他们需要关注学生成长的一切问题，及时和学生家长交流学生的情况，规定一个月带学生到家里玩一次（或逛街一次），每天进行一次短时间交流，每周进行一次长时间交流，每周发两三次短信告知家长孩子在学校的表现。每个学期学校为留守儿童举行两次户外集体活动，增进孩子和成长爸妈的感情。在这样的活动中，那些不是父子胜似父子的画面比比皆是。许多年轻老师没有结婚却有了做爸爸妈妈的经历，每次举行活动，都是一脸的幸福。学生纷纷表示："我们一定不辜负辛勤养育我们的父母，也一定不让关心我们的成长爸爸、成长妈妈们失望，我们会把留守生活过得快乐幸福。"

（四）上好留守儿童教育课

一是利用已经研讨开发的精品班会课开展留守儿童教育活动。按照联合国教育委员会提出的 21 世纪教育四大支柱——学会求知、学会做事、学会共处、学会做人，舲舫中心小学围绕这四个目标，已经研讨开发了 108 堂班会课，我们可以利用好这些成品班会课开展留守儿童教育活动，同时继续做好校本研究工作，多创作一些精品课堂。二是开展微课的研究。茶陵县开展了留守儿童微课大赛，微课的主题是留守儿童安全教育，包括交通安全、防烫伤、防火灾、防溺水、防动物咬伤、防拐骗、防性侵等。比赛设置了相关奖项并对获奖作品进行推广。

（五）整合留守儿童教育资源

1. 整合家庭资源。将留守儿童父母及代理监护人纳入教育范畴，强化留守儿童父母的法定监护职责和代理监护人的监护意识，努力提高他们的家教水平。注重家长学校建设工作，定期开班培训，普及家庭科学教育知识。强化教师的家访工作，组织教师通过书信、电话、家访、家长会等途径，与留守儿童家长保持主动性沟通、经常性联系，让父母及时了解和掌握孩子的成长情况，共同促进留守儿童健康成长。

2. 整合教师资源。为了进一步全面、细致、深入了解留守儿童的详细情况，制定关爱措施，学校建立留守儿童档案，组织教师定期、不定期对留守儿童进行家访，及时沟通、反馈学生和家长的生活、学习情况。对留守儿童做到"五必访"，即身体不佳必访、情绪不好必访、成绩下降必访、与同学争吵必访、迟到早退必访。家访时做到"六必进"，即教育政策进家庭、资助方案进家庭、转化措施进家庭、家庭指导进家庭、心理生理健康辅导进家庭、

学校编

个性化关爱进家庭。

3. 整合学校资源。充分利用各校的心理咨询室，茶陵县非常重视中小学生心理健康教育，各校建立了心理咨询室，环境布置舒适温馨。我们特别针对留守儿童的心理健康问题，加强心理疏导工作，并建立心理咨询个体档案，跟踪分析，加强指导，力求让学校心理咨询室成为留守儿童倾诉心语、寻求心灵教育的地方。

4. 整合课程资源。组织优秀教师编写"同在一片蓝天下"留守儿童教育丛书。丛书共四本教材，分小学篇（低、中、高）和中学篇，每本教材分五个章节。

五个章节分别为：

①安全篇（交通安全、防烫伤、防火灾、防溺水、防动物咬伤、防拐骗、防性侵等）；

②交流篇（与父母、与教师、与同学、与监护人、与陌生人）；

③生活篇（食品安全、零食、喝水注意事项、生活技能等）；

④学习篇（书写练习、课外阅读、作业管理、合作学习、探究学习等）；

⑤心理篇（感恩、坚强、寂寞、倾诉、倾听、勤奋等）。

具体的编写方式是：

①从留守儿童生活的实际状况出发，提出问题；

②留守儿童一般会在什么情况下会遇到这些问题；

③提出解决问题的策略；

④拓展阅读（一个正面的阅读材料，佐证解决问题的策略）；

⑤留守日记。

三、"同在一片蓝天下"反思

1. 把留守儿童等同于贫困学生。目前，很多单位与个人开展的留守儿童教育和关爱的活动中，把留守儿童完全等同于贫困学生，这是一个错误的认识。我们通过调查学生的家庭经济情况，发现父母外出打工经济条件尚可的家庭比例占到 77.46%。多数家长有能力给孩子提供在当地中等以上的生活条件，可见，对于留守儿童而言，物质帮助并非重点。

2. 社会帮助一头热，学生受益很少。政府、社会为留守儿童做了很多的工作，而留守儿童中能够感受和体会到这种帮助的比例只有 26.44%，绝大多数没有感受和体会到帮助。由此可以看出，政府与社会虽然做了很多的工作，但是缺乏宣传，或者没有关注到点，因此学生感受并不强烈。

3. 关爱方式"一刀切"，缺乏个性化。目前，留守儿童基本上是按班级或年龄组成一个小团体，参与的课外活动和上课内容一致，而没有顾及留守儿童的性格、家庭背景等差异，未能做到因材施教，也未给予留守儿童特别和个性化的关爱。在今后的规划里，我们可以围绕"特别的爱给特别的你"的思路，将关爱方式细致到个人，有的放矢，让每个留守儿童都能在爱中浸润和成长。

让班主任过上"班主任节"

　　班主任是全面负责一个班学生的思想、学习、健康和生活等工作的教师，他是一个班级的组织者、领导者和教育者，也是班上全体任课教师教学、教育工作的协调者。他与任课教师区别在于任课教师只负责本学科教学，而班主任除此之外全权负责管理整个班级。在很多学校，老师们都不肯做班主任，觉得当班主任责任重大，事无巨细都得自己做，而且有做不完的表格，看不完的通知。我也当过班主任，也更加懂得班主任在学校工作的重要性。如何让我们学校的老师乐于当班主任，除了提高经济待遇，更加重要的是提高精神待遇，让学校的班主任老师获得尊重，这种尊重来自学生、家长和学校，我决定从自身做起，让班主任过"班主任节"。通过过节的仪式感，班主任可以感受到班主任工作的乐趣，同时也可以通过相互交流，让大家取长补短。

　　2018 年 1 月 29 日，窗外雪花飘舞，寒风凛冽，但茶陵县舲舫中心小学小会议室里谈笑风生，其乐融融，这里正在举行第一届乡村小学"班主任节"。首届"班主任节"在温馨、和谐、融洽的氛围中进行。全乡 7 所村级小学教学点和 1 所中心小学共 36 个班主任一起度过了一个别开生面的节日。

在"班主任节"会上，平日不准摆放的糖果、瓜子等年货被大大方方端上桌。我亲自将热腾腾的茶水送到一线教师手中。活动共三项议程。

第一项，回顾与总结。我作为中心小学校长，就 2017 年班主任工作做了回顾与总结："班主任，是班集体的组织者和指导者，也是学校各项工作的重要参与者和协调者，是学校不可或缺的中坚力量。一年来，我们的班主任在一线教育教学岗位上做了大量的工作，你们辛苦了！本学期末，我校进行了优秀班主任评选。评选原则是由各校根据班主任工作量化考核评分细则采取自我推荐、学校上报、中心小学复评相结合的方式来确定人选，本次共评选出 13 位优秀班主任！有人说，学生是班主任的影子，有什么样的班主任就有什么样的学生。北宋思想家、教育家张载曾说过'为天地立心，为生民立命，为往圣继绝学，为万世开太平'。期待各位班主任，把这句话融入班主任工作中，形成有自身特色的教育风格。"

第二项，颁奖。颁奖活动形式别具一格，13 位优秀班主任与其他班主任分享了所有奖励。奖品有电水壶、保温杯、雨伞等，另外，学校还特意购置了两台联想笔记本电脑奖励给两位在网络联校工作中贡献突出的老师。

第三项，发表获奖感言。颁奖活动后，13 位优秀班主任分别发表获奖感言。第一位发表获奖感言的是来自龄舫中心小学的年轻教师向斌斌。他说："我刚刚参加工作，就能获得优秀班主任的称号，深感意外，很是荣幸。这是对我过去一学期工作的肯定，也是对我将来工作的激励，我一定不忘初心，砥砺前行！"郭福寿老师是去年已退休的村级小学老校长，今年返聘到偏远的山村河坞小学教学点担任二年级班主任。他说："被评为优秀班主任，是我工作43年以来的第一次。感触很深，天虽冰冷，但心里暖暖的，会场气氛非常浓厚，心情非常舒畅，很是感谢！新的领导班子如此重视战斗在一线的教师，必将激励我继续在教学岗位发挥余热！"

这是我们首次举行"班主任节"，旨在加强乡村小学班主任队伍建设，规范班级管理，增强班主任的岗位意识，激发班主任工作热情，全面提高班主任的责任心和使命感，充分调动班主任教书育人、管理育人、服务育人的积极性，着力提高班级管理水平。表彰先进，鞭策后进，今后每学期举办一次"班主任"节，可采取沙龙、论坛或俱乐部等多种形式。

评先评优自己说了算

临近年底，"评先""评优"成了大家关心的热频词。近日，我在网上看到了一则新闻，《工人日报》微信发起的网络调查结果显示，过四成职工认为评先评优是领导说了算。当被问及评先评优活动中，哪种现象最不合理时，39%的职工选择了"一言堂"，11%的受访者认为是"轮流坐庄"。这个新闻反映了很多地方评先评优的现实状况，这让我陷入了沉思，我们学校怎么评先评优才好？评先评优是学校管理的重要内容，也是调动教师工作积极性的重要手段。在许多地方，教师获得的各种荣誉和奖励能够在聘任、晋升、薪酬待遇等方面发挥重要作用，自然每年的评先评优就成了教师关注的焦点。

这么多年来，我作为老师，也经历过大大小小很多的评先评优，有的时候，在我毫不知情下被评为了优秀，有的时候却苦苦追求而不得。我也曾听说过很多学校在评先评优工作中，确实存在校长"一言堂"现象，评先评优成了校长手中随意支配的权力，想给谁就给谁；还有一些学校采用所谓的民主方式，不问教师工作业绩，采用全体教师投票选优的方式，在这种方式下，有些教师为评上先进、优秀提前打招呼、拉关系，而一些工作实绩优秀、默默无闻的教师却名落孙山；还有一些学校，校长当老好人，担心评优得罪人，于是采用"轮流坐庄"的方式，尤其，为了照顾某些教师晋级需求，不问其平时工作表现，论资排辈，导致一些优秀青年教师常年与评奖无缘；还有的学校采用"滚雪球"式的证书积分办法，以过去几年取得的荣誉为依据，证书越多，积分越高，荣誉和奖励几乎年年都落在固定的几个人身上……

评先评优作为学校师资队伍建设的重要手段，事关学校发展前途，一旦操作失当，不但会影响大多数教师的情绪和工作积极性，而且会导致学校教育教学质量徘徊不前。我认为，评先评优不是校长说了算，应该由教师自己说了算，让他们自己说成绩，让参与竞争的人一起打分，去掉最高分和最低分各2个，然后求平均分。虽然，我也知道这不会绝对公平，但是相比以上的几种评先评优方法，还是更加合理。评先评优不是校长手中可以随意支配的权力，更不能每次都集中在某几位教师身上。各种类型的评先评优都应当严格按照"德才兼备、实绩取人"的原则，坚持民主公开、公平竞争，才能充分调动全体教师工作的积极性。鉴于此，我校于2017年开始了"评优自己说了算"的实践。为了健全教师评价机制，增强教师的事业心和责任感，充分调动广大教师的积极性，提高教师队伍整体素质，建立科学的管理体制、运行机制，让教师管理逐步走向规范化、科学化，我校对年度考核进行了大改革，学校首先征求教师意见，再制定年度评先评优方案，参与评先评优的教师以书面形式向学校递交申请书，然后集体述职。评先评优过程中力求做到以下三大点。

一是评先评优前要向全体教师公开评选名额、评选条件、评选办法，实行"阳光评选"，为每位教师创造一个公平公开、自由竞争的环境。对照条件大家自己写出申请书。2018年1月27日上午，舲舫中心小学在校综合楼二楼会议室召开2017年度评先评优述职工作会议。经自己申请，年度考核小组全体成员对照条件对申请的对象进行了初审。由于是自己申请，申请对象基本都是符合条件的，最后一共有13名申请评先评优的教师参加了会议。

二是要优化评先评优机制，坚持过程性评价和终结性评价相结合，做到以实绩论优，而不是单一的投票选优。学校要借鉴发展性教师评价的成果，制定较为科学、有利于调动教师工作积极性的《教师工作考核量化方案》，将定量评价和定性评价相结合、过程评价和终结性评价相结合、个人评价和集体评价相结合。学校对教师每学期进行一次考核，考核教师的工作效果，但是考虑到并不是教师做的所有事情，大家都能够看得到，于是我们有了第二个环节——公开述职，教师从教学成绩、班级管理等方面向考核小组进行述职。

三要及时公布评先评优结果。评先评优活动力求公平、公开、公正。考核小组成员进行现场打分，并且选择参加评先评优的老师进行统计，统计结束后，没有进行合议，而是我作为校长直接宣布结果。谭珍勇、谭玲艳、谭韦林、黄湘萍、范小云、谢飞平、彭辰辰七位老师在 2017 年度考核中被评为优秀。通过评选活动，在全校树立先进典型和标杆，促使教师自我查找差距，形成比学赶超的工作氛围，鞭策教师在工作中切实立足岗位，不断提高业务水平，最终达到进一步提升教育教学质量的目的。

乡村学校教研水平提升项目助力乡村教育

为了贯彻落实《中共中央国务院关于深化教育教学改革全面提高义务教育质量的意见》提出的"建立教研员乡村学校联系点制度"等要求，加大株洲市乡村学校教研水平提升项目工作力度，充分发挥教研工作在乡村学校发展中的支撑作用，株洲市教育科学研究院于2018年开展了"乡村学校教研水平提升项目"。舲舫中心小学有幸成为了项目学校，在项目运行的这两年中，株洲市教科院给予了项目学校大力支持，主要从以下四个方面提供了助力。

一是现场诊断，规划学校三年发展。2018年6月12日至13日，市教科院第一党小组成员带领市小学学科骨干教师，给茶陵县舲舫中心小学送教送培。市教科院王开和院长、曾立明书记、周遵新主席等院领导全程参与了送教送培活动。王院长指出，在乡村学校教研水平提升项目上，市教研员要和项目学校的老师们一起，共担责任、共研课题、共同成长。为了使学校的发展规划更加科学而富有内涵，活动安排了关于学校三年发展规划的座谈会。座谈会上，我与学校管理团队向市教科院专家介绍了学校三年发展规划，并提出了自己的困惑。市教科院与会人员积极交流讨论，给予了专业的指导与建议。王开和院长充分肯定了我的想法，并指出学校的规划目标要具体化，内涵要丰富化，举措要可操作化。曾立明书记从学校办学特色、学校文化建设等方面提出了建议。黄怀清主任则围绕三年规划本身，从逻辑起点、传承与发展、三年目标、具体做法等方面给予了指导。

二是过程跟踪，全程指导。余民主任是舲舫中心小学的蹲点教研员，丁文平副院长是蹲点领导，他们先后六次来到学校指导工作，给青年教师讲座一次、组织青年教师座谈三次、参加青年教师俱乐部活动两次。他们全过程地参与指导青年教师俱乐部活动的开展，为青年教师教研能力提升提供了有力帮助。

三是抓实课堂，提升学科教研水平。帅晓梅副院长指导我们语文学科发展，在学校通过听课摸情况、讲座指方向、磨课找方法，指导学校青年语文教师快速提升；谭志俐主任通过课堂督导、学科送教、培养种子教师的方式，让学校青年数学教师获得了快速进步；余民主任通过讲座、带徒弟、上示范课等方式，促进了学校道德与法治学科的快速发展；科学教研员袁辉老师通过课堂督导、资源支持、教师送培等方式支持科学教师的发展。

四是课题引领，提升研究水平。针对乡村学校教师的教研水平不高的现实问题，市教科院理论发展研究室黄怀清主任为乡村教师作了"行走在校本课题研究大道上"专题讲座。黄主任从新时代教师新要求、研究者的四种意识、课题"新手"如何做课题等方面作了详细阐述，并以舲舫中心小学的申报课题为样本，进行了分析指导。黄主任的讲座为乡村教师今后开展课题研究提供了很好的指导。同年，学校《乡村青年教师成长的途径与策略研究》获得株洲市立项课题，通过课题研究大大提升了教师的教研水平。

2019年11月8日上午，株洲市乡村学校教研水平提升工作推进会在茶陵县舲舫中心小学隆重举行。会议由株洲市教育科学研究院主办，茶陵县教育局、茶陵县舲舫中心小学承办。市教科院全体教研员、各县市区教研室主任、各乡村学校教研提升项目点校长及株洲市教育局青年干部培训班学员，共100余人参加了会议。会议正式开始前，与会人员一同参观了茶陵县舲舫中心小学，现场观摩了学生们的跳竹竿游戏和集体诵读活动。

此次乡村学校教研水平提升工作推进会由市教科院王开和院长主持。会议伊始，茶陵县教育局谭凌鹏副局长致欢迎辞。他在致辞中表示，在株洲市教科院的大力支持下，茶陵县五所项目学校的教研力量得到加强，办学水平有了提升，充分发挥了教研工作在乡村学校发展中的智力支撑作用。他特别提道：舲舫中心小学两年前是全县最薄弱的学校之一，在市教科院、县教育局的支持下，他们围绕文化育人、课程育人、师资育人开展了卓有成效的教育教学改革，向"让乡村孩子享受城市教育"这一办学目标迈进了一大步。

市教科院丁文平副院长对"株洲市乡村学校教研水平提升项目"作了阶段性总结报告《提升乡村教师教研能力，提高乡村学校教育质量》。他在报告中回顾和总结了2018年4月项目启动以来，市教科院在推动和指导乡村教师教研水平提升过程中采取的措施和取得的主要成绩。他充分肯定了项目成果：乡村学校的校本教研机制初步完善、教师专业成长明显加快、教学研究成果开始显现、部分学校办学特色逐步彰显、综合教育质量得到提升等。他也赞赏了项目开展过程中工作积极主动、业绩显著的教研员、乡村校长和老师。同时，他还指出了项目推进过程中存在乡村教师教研热情不高、各项目学校教研工作发展不平衡等问题，并就下阶段更好地推进工作提出了具体的对策和建议。

市教科院小学教研室主任、小学数学教研员谭志俐老师作了题为《播撒城乡教师共同成长的种子》的专题发言。分享了她和乡村教师的"种子计划"，讲述了一群有教育情怀的导师照亮一群乡村教师逐梦前行、成长成才的故事。她深入乡村、多层指导，通过示范培训、团队孵化，同课共研等给予乡村教师教研扶持。她和她的"种子计划"也得到了《湖南教育》等多家媒体的关注。

醴陵市均楚镇中心学校妙山小学校长，年轻的龙卉茹老师分享了她不一样的教育故事。参加工作的一年多里，她用 160 多篇日记记录了自己和 18 名学生、2 位正式老师、1 位代课老师、1 位 66 岁的工友的学校生活，并抒写了自己的教育教学感悟。她"做坚守初心的幸福教育人"的理想信念让与会人员敬佩和感动。

渌口区南洲镇中心学校袁治安校长介绍了在市教科院教师和渌口区各学科教研员的引领、指导下，学校教学研究持续深入开展，教师的教学研究能力、课程开发能力得以提升，教师的专业水平得到提高。他还分享了包括王十万中学、古岳峰中学等学校在内的教学研究合作集团成立后，以点带面、齐头并进提升教研水平的经验。

用丁文平副院长的话说，因为舲舫中心小学在乡村教研水平提升项目中取得显著成绩，所以在这里开现场会议，会上他向大家介绍了教研工作经验，包括：现场诊断，规划学校三年发展；多次调研，构建"红色舲舫，善行人生"的学校文化；创新机制，成立乡村青年教师成长俱乐部；课程开发，促进乡村孩子个性发展等。他鼓励大家从实际情况和学生发展需求出发，借助教研支撑、借力教育资源，传承红色文化、突出德育实效的教育和管理智慧，努力"让乡村孩子享受城市教育"。

王开和院长在会上作了总结讲话。他表示，坚守乡村、扎根乡村教育的校长和老师们很让他感动。他说，做教育需要情怀和力量，力量是相互给予的，市教科院在努力唤醒乡村教师教研的热情、推动乡村教研水平的提升，同时乡村校长们的坚守和智慧也给教研员们许多启发和思考。他用九个字概括总结了一年半以来的乡村学校教研水平提升工作——"好项目，有成效，不平衡"，并强调我们后阶段应该提高政治站位，充分认识这项工作的政治意义和教育价值。他希望教研员加强指导和服务的针对性和系统性，避免内容窄化、形式单一；乡村项目学校的校长和老师们增强主动性和积极性，不能有"路径依赖"，要会给蹲点教研员出"考题"；乡村教研提升项目要提高持续性和有效性，发挥项目的辐射作用。最后，他表示，依靠教研振兴乡村教育的道路一定要坚定不移地走下去。

学校编

网络联校助力乡村孩子享受城市教育

　　株洲茶陵县舲舫乡是将军之乡、水韵之乡。但由于地理环境，学校基础设施很差，并且不太适合集中办学，多年来学校教育一直是粗放式发展。茶陵县教育局一直努力实践城乡教育均衡发展，针对这样一所学校，找出了一条新的路子，在舲舫中心小学开展网络联校建设试点。2016 年，茶陵县教育局先后投入 20 余万元改造了学校所有教室的设备，将过去的白板改成了希沃系统的触摸屏一体机，积极开展教育信息化建设，组建教育城域网，一改传统的"刀耕火种"式教学模式。2017 年，舲舫乡中心小学被评为"湖南省教育信息化创新应用网络联校示范校"。

　　2017 年下学期，舲舫中心小学提出了"让乡村孩子享受城市教育"的办学目标，县教育局非常认同这个办学目标，并就如何让互联网助力学校实现这个目标而继续加大了投入。先是投入 30 余万元资金全面改造了学校的电脑室，并升级了教室一体机、添置了各功能室电脑等终端设施设备。接着，2019 年又投入 30 万元指导学校建设了一个可以实现同步直播的录播室。这个录播室，既可让乡村小学教学点实现与优质课堂、紧缺学科课堂教学的同步，又可以让所有在外打工的家长通过智能手机客户端看到自己孩子上课的情景。此外，录播课堂教师还可以自行下载，重放自己授课过程的视频，了解自己在上课过程中的不足，以更好地提升教师的执教水平与能力，真正让乡村孩子享受城市般的课堂教学。

2018 年，茶陵县教育局把舲舫中心小学的村级小学洮水学校作为信息化校园建设试点，投入资金建设了茶陵县第一个村级小学教学点电脑室，实现了 100 兆专线教育城域网接入到桌面，完全满足了信息技术教学。同时针对村级教学点留守儿童众多的特征，教育局将电脑室的每台电脑安装了一个视频摄像头，让电脑室摇身变成了"亲情聊天室"。信息化的投入，不仅带来了硬件设备的改善，更改变了教师的教学手段，让村级小学获得了更多共享教育信息与教学资源的渠道。

信息化教学不仅扩展了学生获得知识的途径和范围，减少了老师的工作量，而且提升了老师在教学活动中的组织协调能力。实行信息化教学，老师需要把握应对各种学习资源，并形成一个系统的知识资源库，课上课下，老师的关注点也从注重学生学习知识到注重学生学习能力的培养。舲舫中心小学与乡村教学点学校全面启动教育信息化模式，能够更好地让乡村孩子享受城市教育，更加有利于实现城乡教育的均衡发展。

一、 专递课堂， 助力村小教学点

华师云客户端和学校音频、视频等硬件设备建立联系，实现了"见到面""听到声"的效果。课堂由中心小学的专业教师主讲，村级教学点的教师辅助。在课堂中，教学 PPT 是可以共享的，师生之间可以互动。

美术老师谭颂勇，上的《纸魔方》这堂课，主要是通过 PPT 来展示制作步骤，这就需要让网络那边的孩子也能看到 PPT。主校这边的孩子已经在谭老师的指导下完成了作品，网络那边的孩子完成得怎么样呢？这时候，他就可以通过调整视频的角度来检查他们的作业情况。为了激励孩子们的兴趣，他还引导两个班级的孩子进行比赛，主校这边的孩子争先恐后地想要把自己的作品通过视频展示给网络那边的孩子们欣赏，两边的孩子们互相欣赏彼此的作品。

秦惠娟老师把信息技术与音乐教学有机结合，为学生的学习和发展提供丰富的资源，有效地提高了学生学习的效率。在与村级小学对接教学《音阶歌》这一课时，她充分利用了希沃电子白板这款软件的优势。这款软件里面有音乐学科的应用功能，打开其中的电子琴设备，秦老师弹一个音，学生唱一个音，接着把音阶完整准确地演唱完，最后，在学唱歌曲时，小朋友们都能轻而易举地把这首歌曲完整演唱出来。此项功能的应用，不仅纠正了学生的音准问题，更是让乡村孩子感受到了信息技术的神奇，提高了乡村学生对音乐的感悟力和表现力。

英语老师一般一周送两到三堂课到村级小学。每当我们接通视频进行互动时，两边的孩子都在激动地挥手打招呼，嘴里喊着："Hello，hello…"兴奋激动的心情不言而喻。专递课堂连接了中心小学孩子和村级小学孩子们的心，让他们彼此建立了深厚的感情，也燃起了他们学习英语的热情。就这样，经过了一年的努力，村级小学的英语成绩也有了很大的提高，孩子们的英语口语表达能力也在不断的对话练习中慢慢进步，他们由刚开始的不敢开口说，到后来的能用流利标准的英语和同学进行对话。这些改变和成就都要归功于网络联校专递课堂。

向斌斌老师在与村小对接教学五年级上册《平行四边形的面积》一课时，学生很难理解长方形转化为平行四边形后，长方形的长与宽分别对应平行四边形的底与高这个知识点。整堂课上完，教学目标没有达成。此时，恰逢株洲市举行微课大赛，为了突破图形抽象转化的过程，我耗费近一个月自学微课，制作了《平行四边形的面积》微课。微课中，先引导学生思考长方形的面积与长和宽之间的关系，那平行四边形的面积就与底和高有关系。接着，出示一个长方形，标出长与宽，然后用一把剪刀从长方形的一个顶点出发，向对边上的一点剪下一个直角三角形，再拼到图形的另一边，组成平行四边形，标出底与高。通过重复演示整个动态过程，学生就会发现长方形转化为平行四边形后，长方形的长与宽分别对应平行四边形的底与高。短短五分钟的微课，将学生难以理解的知识点变得形象、具体、简单、有趣。

二、 希沃授课助手， 让教学变得更有味

希沃授课助手是一款移动端与 PC 端互联互动的软件，是专门

为教学设计的。它最大的亮点是利用无线网络或启动热点进行连接后，可以进行实物拍照展示、触摸屏控制等操作。

教学活动的主体是学生，因此我们设计教学过程和每个教学环节都必须充分考虑儿童的心理特点和需要。比如，二年级学生年龄尚小，有意注意的时间短，持久性差，老师在教"平均分"时，要求小组合作进行操作，但学校没有多媒体展示台，而我又想把学生们分组操作的过程展示出来，怎么办呢？这时我想到了希沃授课助手软件可以帮忙完成，我首先在一体机上找到希沃授课助手，打开软件，点击启动热点；接着打开手机上的希沃授课助手，扫描二维码，使一体机和手机都在一个局域网内；然后点击手机屏幕同步，最后点击手机相机拍摄学生的操作步骤。学生可以直接在一体机上清楚地看到操作过程。

在课堂教学中，我们经常碰到这种现象：在讲练习题第三大题时，有些学生因为注意力不集中，把目光投到第3小题上，一节课下来听得云里雾里。可想而知，这种情形下，学生根本就没有掌握知识。这时候我们就可以直接打开希沃授课助手，点击移动展台，对第三大题拍照，投屏到一体机上，再开始进行及时的批注讲解，这样不仅能让学生的注意力更集中，同时也提升了教学效果，更容易达到预期目标。同时，希沃授课助手还可以把学生中写得工整的作业上传到一体机上进行展示，使其他学生欣赏到优秀作品。这样既鼓励了优秀学生，又能促使其他学生认识到自己的不足。希沃授课助手还解放了教师的双手，在布置习题时，我们再也不需要抄习题了，只需要借助希沃授课助手拍照投屏到一体机上，学生在台下进行解答就可以了。在学生练习时，老师如果发现普遍存在的问题就可以作实时点评，尤其在几何题目的讲解上，我们可以利用画笔重复地在原图上进行标注、添加辅助线等，相当于利用现代设备替代了原来的粉笔和黑板。而且对图形可以进行适当的放大和缩小，让其更加清晰。

希沃授课助手软件，让教师进一步感受到先进教学设备和丰富教学资源的优越性，轻松、便捷、简单、实用，让乏味的教学变得更有味！

三、 数字阅读机， 为乡村孩子带来快乐

我们学校多年一直致力于学生阅读能力的培养，大量购买了适合1—6年级各个年龄阶段的书籍，可是效果差强人意。现在不少孩子心思偏浮躁，不能坐下来好好阅读，大部分孩子只喜欢看动漫之类图片色彩鲜艳的书籍，或者是内容情节特别有趣的书籍。即使有少部分同学为了开阔自己的眼界，拓展自己的知识面而去看一些经典名著，可因为自身理解能力有限也只能是一知半解，阅读效果微乎其微。

针对这种情况，学校购买了一台数字阅读机。这么"新奇"的阅读机，对乡村孩子来说，是很大的诱惑。这个阅读机有很多的功能，比如：图书阅读、新教育专栏、期刊阅读、国学诵读、动画绘本、科普视频、古诗欣赏、汉字拼写等。书本阅读是单方面的学习过程，孩子们看一遍很难记住内容，阅读机讲故事就不一样了，

如讲《小马过河》时，有马蹄声、流水声、牛哞哞叫的背景声音，给人一种身临其境的感觉，让孩子们一下子就记住了故事的内容。古诗欣赏中有古诗朗读，还有诵读的配乐，好让孩子们听完朗读后可以跟着情景配乐再自己读一遍。汉字拼写中有对拼音的拼读。对于乡村孩子来说，拼音是他们的弱项，有了这样的示范拼读，课后他们可以自己跟读学习。除了拼读，还有汉字的书写，倒笔字在现在的小学生中是很常见的问题，阅读机可以作出很好的示范，一边一笔一画地写，一边说着每一笔画的名称。如此有趣的阅读机，让孩子们在玩"电子设备"的过程中不知不觉就学习到了很多知识。孩子们一下课就跑到阅读机旁，点击自己想听的故事和想看的科普视频。

实现资源共享，是推进乡村学校信息化进程与缩短城乡之间差距的利器。株洲茶陵县舲舫中心小学自开展联校网教学以来，当地村民对教学点的认识也发生了变化，他们改变了让孩子舍近求远读书的想法，在自家门口就能享受到优质教育服务，我们学校赢得了师生和家长的普遍赞誉。信息化应用全覆盖，有利于教师与教育资源的整合；有利于城乡教育均衡发展，有助于乡村学校实现"让乡村孩子享受城市教育"的办学目标。

名师工作室提升学校影响力

株洲市谭自云道德与法治名师工作室成立于 2011 年，2014 年升格为湖南省小学道德与法治谭自云名师工作室。工作室理念：以优质数字教育资源开发凝聚、分享、引领教师成长。工作室特色："互联网+"拓宽教师成长空间。

自 2017 年 9 月，舲舫中心小学成为了省、市两级道德与法治名师工作室的基地校，承担了多次省、市道德与法治骨干教师培训活动。一所乡村学校，如何辐射株洲市的道德与法治教学？如何服务湖南省的道德与法治教学？为充分发挥工作室和名师的专业引领、带动、辐射作用，工作室坚持以"互联网+工作室"的研训方式，为道德与法治教师提供更多的优质数字教育资源，并带动学员和更多的名师参与名师引领、网络研讨、资源开发与应用等，助力思政教师队伍建设。

一、以"互联网+"拓宽教研空间

中国教育正进入一场基于信息技术的更伟大的变革中。在"互联网+"时代，名师工作室在信息组织与整合、教育教学研究成果转化、经验的积累上，借助互联网能够获得更广泛且更生动的共享。

工作室自组建之初，便建立了主持人"谭自云的博客"。博客主要由主持人主笔，针对品德课程与教学问题，分享心得和专业反思，并鼓励学员参与撰写，展开相关讨论。以此为基础，2014年，工作室在湖南省基础教育资源网建立了网页专栏。历经多年发展，工作室形成了以下两大核心内容。

一是面向教师，重点解决"教"的问题。网页专栏建设之初，工作室积极挖掘优质品德课堂教学案例，鼓励相关教师精心制作并上传教案、课件和视频资料。尤其统编的《道德与法治》教材走进课堂后，教师如何教的问题显得尤为突出。工作室联合湖南省小学德育研究会，发起小学道德与法治教案与课件比赛活动。在比赛中，我们为每一课遴选一到两个优质教案与课件，通过两年的努力基本建成了道德与法治学科教学资源库。为了让更多教师参与二次备课，贡献学科智慧，工作室在湖南省教育资源网设立了投稿专栏。冷水江刘红霞、郴州雷富光、常德马阿妮、株洲罗益群等老师，精心备课与反思，无私贡献了114个二次备课。他们上传的相关教案、课件、视频等内容成为教学的示范资料。在此基础上，2015年，工作室建立了专门的小学道德与法治网站。网站以微课资源库为主要内容，力求为师生提供优质学习资源。同时，希望借此扩大学科影响力，吸引更多教师专注道德与法治学科教学研究。网站建立后，工作室组织成员开发了80多个微课，并与湖南省教育科学研究院小学道德与法治研究学会、湖南电子音像出版社共同组织了两届微课资源大赛。截至目前，开发微课资源200多个，网站资源下载量突破30 000，点击量突破150 000。2016年，网站被湖南省教师发展中心评为"湖南省优质课堂空间"。

二是面向社会，重塑道德与法治学科形象。随着时代的发展，微信成为重要的人际交往与信息交流工具。微信传播速度快，尤其是年轻教师特别喜欢在微信中获取信息。为跟随时代发展脚步，针对教师难以理解和使用《道德与法治》教材的问题，2017年9月1日，工作室与湖南省教科院联合搭建了"小学道德与法治"微信公众号。公众号设置了"小学道德与法治教案""小学道德与法治课件""微课"三个主要栏目，精选优秀课例和名师示范课，为老师们提供示范和引领。截至目前，公众号关注人数达两千多，文章推送达二百多篇，深受老师们的欢迎。茶陵偏远山区的彭淑群老师在评论中写道：我深深感受到了公众号资源带来的便利。由于所在学校的办公室没有电脑设备，作为刚刚参加工作的新教师，每天利用微信公众号参考集体备课，我收获颇丰，所教的一年级道德与法治课程成为了学生最喜欢的课程。

二、以"俱乐部"推动青年教师专业成长

青年教师专业成长是中小学教师队伍建设的重点，也是工作室保持蓬勃发展的源泉。工作室一直关注青年教师的专业发展，希望能为乡村学校培养一批"留得住、教得好、有发展"的合格青

年教师。在"互联网+"学习的基础上，工作室创设了青年教师"俱乐部"，将培训学习落实到线下，聚焦新手教师的课堂教学，助推青年教师专业成长。

1. 名师"示范"，帮助青年教师"上好课"。观摩示范课，尤其是学科名师的示范课，是帮助青年教师提升教学能力、上好课的重要手段。"俱乐部"依托工作室的教育资源，与学科名师和相关学校建立合作关系，通过邀请学科名师到校上示范课、带领学员外出听名师上课、集体观看名师录像课三种形式，指导青年教师观摩与研究示范课。

例如，娄底市名师工作室主持人楼红霞的示范课"家乡的儿歌"，以其浓厚的"家乡气息"和生动的场面，增进了青年教师对于小学道德与法治课程的理解；工作室主持人也亲身示范，以全国名师工作室展示课特等奖课例"家的记忆"为青年教师提供课堂教学的研究范本。工作室还带领学员到长沙、株洲等地开展名师课堂的观察学习，并利用日常活动时间，组织青年教师观看、研讨湖南省和全国道德与法治赛课的录像。示范课堂的生动演示和名师教学魅力的引领，让青年教师感受到道德与法治课堂的魅力。他们以极大的热情研究课程与课堂，朝着"上好课"的方向不断努力。

2. 专家引领，帮助青年教师深化课程理解。理论是指导实践的重要基础，为了提升青年教师的教育教学理论水平，"俱乐部"立足从教信念、高效课堂、教学技能三个关键领域，邀请相关专家学者为青年教师开设讲座。

例如，湖南大学教科院博士生导师姚利民教授的讲座"高效课堂建设"和省教育科学研究院左梦飞主任的讲座"提高课堂教学实效"，围绕"课堂""教师""学生"三个维度，深化了青年教师对课堂的理解；"核心素养与课堂讲学""零起点，做微课"等讲座则引领青年教师关注教育的前沿研究，激发课堂创新思维。工作室还邀请市教科院王开和院长带领教科院 11 名专家来到舲舫中心小学，指导学校三年发展规划；市教师发展中心主任姜野军带领教师培训中心 3 名专家，专程指导青年教师俱乐部工作。

3. "微格"教研，提升青年教师课堂领导力。近年来，"微格"教研深受老师们的欢迎。它能以便捷的方式和深度研究，为教师提供不同类型的课堂研究平台，能有效提升教师的课堂领导力。"俱乐部"重视这一教研方式，为青年教师提出了一系列"微格"教研课题。以法律教学为例，工作室设定层层递进的步骤，带领学员开展深度"微格"教研：第一步，摸清楚底子，邀请株洲市道德与法治教研员视察指导三位青年教师的课堂教学，发现问题；第二步，邀请专家讲座，请余民老师随即开展主题讲座"部编教材下的法律教学"，为教师准确把握法律教学内容指明方向；第三步，开展"大比武"，通过赛课形式，让青年教师在实践中锻炼教学能力；第四步，定"微格"，工作室以第一名选手的课例为范本，带领学员再次磨课，并邀请教研员和相关专家，对照课例进行深度解析；第五步则是"微格"考核，工作室对照教学步骤，对所有道德与法治教师进行考核听课，借助考核评价，帮助老师们查漏补缺，提升教学质量。

三、 以强化课程意识提升教师专业自觉

当前，多数道德与法治教师都是兼职，同时担任其他学科教师和班主任工作。这可能会分散教师对于道德与法治课程的注意力，导致其缺乏专业性，但是，这种"复杂"的教学背景也为教师专业发展提供了更多可能。工作室以整合的理念倡导成员深度参与，或是主动担当舲舫学校校本德育课程的开发与实施。这一过程能最大程度激发教师的课程意识，提升其课程资源的开发能力和教学能力，促进教师形成专业自觉。

工作室围绕红色教育、爱国教育、劳动教育等德育主题，带领学员展开实践。舲舫是一块红色土地，革命的摇篮。革命时期，舲舫诞生了谭家述中将和周则盛、谭善和、李俭珠 3 位少将，还有谭余保、尹宁万等伟大的革命家。这些革命先辈敢为人先、勇于追求、乐于奉献的大无畏爱国情怀，正是宝贵的德育资源。工作室带领学员深入理解、领悟革命先辈的精神，开发了"将军文化"校本课程。

在这一过程中，学员开发了生动的课堂教学方式，如开展"走将军之路，扬将军精神"徒步游学将军故居活动；以将军的名字编班，鼓励孩子们努力学习；鼓励孩子们积极参加将军文化解说员比赛，争做将军文化传承的使者。学校定期评选"十佳将军精神传承者""十佳将军文化解说员"等，在肯定教师创新方式的同时，促进学生的道德成长。

开发主题班会课程是班主任重要的工作内容，也是提升其专业能力的重要途径。工作室成立了专门的开发小组，带领学员一起开展相关学习和研究。根据联合国21世纪教育委员会提出的21世纪教育四大支柱——学会求知、学会做事、学会共处、学会做人，先后设计了108个主题班会，每周一在学员的学校施教。通过课程开发和主题班会实施，帮助班主任加强对学校教育形成体系化的认知和理解，不断提升育人理念。

多元校本德育课程的开发与建设，有效促进了教师德育专业化发展，为学校德育一体化建设奠定了坚实基础。越来越多的教师主动加入课程建设之中，在湖南省教育学会小学德育课程教学研究专业委员会举办的"道德与法治"优秀课程资源征评大赛中，老师们积极参与并完成一、二年级统编教材的资源开发，收集教案、课件和微课共189个。近两年，舲舫学校基地校，把所有班主任纳入工作室，通过参加工作室学习，舲舫学校的学员特别是青年教师获全国名师工作室现场赛课特等奖5个、一等奖8个，省微课大赛一等奖8个，市教学比武一等奖3个。工作室学员和学校教师都获得了可喜的成长。2019年12月19日，株洲市谭自云小学道德与法治名师工作室在珠海市举行的"全国名师工作室联盟第三届年会暨第十三届全国名师工作室发展论坛"上，荣获"全国先进名师工作室"称号，我个人荣获了"全国优秀名师工作室主持人"荣誉称号。活动中，我做了"'互联网+'名师工作室发展新样态"的专题讲座，介绍了"以优质数字教育资源开发凝聚、分享、引领教师成长"的工作室理念，以'互联网+'拓宽教师成长空间"的工作室特色。重点分享了从不同的主体出发，以"'互联网+'拓宽空间、搭建平台，以"俱乐部"推动青年教师专业成长、专注研究，以强化课程意识提升教师专业自觉共三个方面的经验。我的发言得到了全国名师工作室联盟常务副理事长、特级教师潘建明的高度认可，他说："湖南的谭老师有思想，用'互联网+拓展空间'的方式，践行如何用乡村来影响城市，值得思考，他的经验值得学习。"通过网上备课、直播讲座、资源征集、优课推荐等四个措施，工作室在道德与法治学科中形成了品牌。道德与法治微课为留守儿童服务，能够帮助实现让农村的学生享受城市教育的梦想，我们应该一起为这个梦想而努力！

教师编

目前，90 后成了乡村教师的生力军了，所以我称他们是新乡村教师。正是有我们这些新乡村教师每天走在乡间的小路上，才会有乡村孩子未来的康庄大道！我们乡村教师守着一份"初心"，用自己的微弱烛光照亮每一个学生前进的道路。作为乡村教师，我们不要妄自菲薄，正是有乡村教师一代代的前仆后继，才有乡村教育的蓬勃发展，才有乡村孩子的美好未来！我们探索创造性的"六个一"培训模式，即上好一堂课、读好一本书、写好一篇论文、开发一门校本课程、写好一笔字、讲好一个教育故事，为我们新乡村教师赋能！让乡村孩子享受城市教育，不是让孩子逃离贫困的乡村，而是期待他们未来能够带领乡村脱离贫困。

成长的力量

从乡村到城市再到乡村，我深深地感受到教师对乡村教育的重要性。要培养好乡村教师，必须要懂得乡村教师的现状。2017年11月，我采用问卷调查的方式，对全县35岁以下教师进行了问卷调查。通过调查发现，乡村青年教师的成长现状有所改变，但不容乐观，例如，教师结构不合理，教学能力比较差，缺乏交流的平台，缺乏学习平台等。通过对问卷调查的分析，我发现主要存在结构不合理、素质不高、成长环境不佳等三个突出问题。

通过对乡村青年教师进行问卷调查，发现乡村青年教师的性别比例中男教师占10.12%，女教师占89.88%，即女教师多于男教师，大多数研究和观察也发现，小学教师中女教师约是男教师的八倍。教师队伍性别比例严重失调是我们教育界的一个普遍的问题，小学女教师多，孩子们缺乏阳刚之气，对学生的身心健康影响比较大，对班级管理、活动管理等方面都有不利影响。从儿童心理特点来说，小学男教师比女教师更有威信力。

根据全县近三年教师招聘公告统计，三年共招聘35岁以下教师375人，其中语文、数学和英语三科教师308人，累积占

90.07%，任教其他学科的教师普遍偏少，尤其是专职音体美教师严重不足。根据课程设置要求，语数外三科与其他学科的课时比是 8∶7，但当前不合理的学科结构很大程度上影响学校的教育教学发展和学生的身心健康，学生每天进行机械训练，无法展示自己的个性和特长。

学历结构上，尽管乡村小学教师中拥有高中（中专）、大专、本科、研究生学历的分别占 1.69%、10.84%、86.51%、0.96%，但很多教师的大专、本科文凭是通过函授等形式获取。没有系统学习专业理论知识和进行专业的思维训练的教师，更容易受环境的影响而改变自我，成为环境中的附庸成员，以求得一种心理上的归属感，认为大多数人都这样做，我也这样做，总不会错的。这种从众心理和附庸思维是乡村小学青年教师反映出的思想和观念的不成熟性。当然，不排除低学历教师通过自学确立自己的教育观，但这毕竟是少数。

以人为本是新课程改革的基本理念，就是要把人看作人，把人培养成人。青年教师应有的教育观是以学生为本，以师德为重，爱生如子，做学生终身学习的榜样。总的来说，尽管乡村小学青年教师有理念，但是我研究发现，青年教师对当前教育改革要求下学科教育工作基本胜任的占 38.8%，不胜任的占 2.17%。当前教育改革以人为本，不能胜任的青年教师人本教育理念缺乏，没有以学生为本，而是以教师为本，以教材为本，以分数为本。一部分青年教师没有理解人本教育的内涵，很多教学方式徒有虚表而缺乏生命力。一部分青年教师则通过帮学生刷题获得好的文化成绩，却很少能够走进学生的心灵，师生关系没有达到心理相容。

我在调查中发现，77.79%的青年教师论文写作三年只有一篇，青年教师表面看来创新意识较强，但实际教学教研能力较低，具体表现为：教材处理能力较低，一般是围绕教材教教材；教学设计能力较低，一般是抄写教案，死板地按教案上课，眼里只有教案，而不关注学生；教学技能较低，不能抓住课堂生成的资源，也不能抓好突发事情的处理；教研能力较低，很多乡村小学青年教师不知道怎样教研，很少进行教研。一方面，一部分青年教师缺乏学习欲望，工作上得过且过，不把教育工作看作创新的工作，而是看成了机械重复。另一方面，乡村小学没有教研氛围，觉得教研是高大上的事情，乡村学校既缺教研意识也缺教研平台。

我调查发现，青年教师对工资收入不满意度达到 59.2%，青年教师说平均日工资 100 元还不如一个外出务工人员的工资。特别是扣掉五险一金以后，教师的工资不足 3000 元，尤其是青年教师实际到手收入可能不超过 2000 元，但是现在的生活成本逐步增加，青年教师的生活显得特别捉襟见肘，很多青年教师觉得工资增加速度不快，工资看似在增长，实际收入在下降，待遇偏低，导致一些教师离职。

调查结果显示，乡村小学青年教师的一周课时量分别为 10 节以下的占 4.58%，10~15 节的占 76.38%，15 节以上的占 19.04%，这显示乡村小学青年教师的教学任务较重。调查还发现，81.3%的青年教师认为工作压力主要来自教学任务重。据我了解，单为应对期末抽考这一项，每所学校五、六年级均开设了早晚自习，有的学校甚至三、四年级也要上早晚自习，早上两节，晚上三节，每天五节，基本由任教语数英的教师承担。除此之外，教师还要管理寄宿学生的就寝和早操。

繁重的教学任务是小学乡村青年教师主要工作压力源，81.3%的乡村小学青年教师是这样看，以应试为中心的评价标准也增加了教师的心理负担和工作压力，有74.1%的教师认为压力源来自学生考试。根据学生成绩排名就像一把利剑悬挂在教师头上。考不好就要挨批，考不好就要下放到低年级段教学，不少教师觉得面子上过不去，就不配合学校工作，有的到了低年级教学，认为反正不会被抽考，干脆破罐子破摔，学生学不学好都无所谓。与城市教师相比，农村教师来自家庭的压力小，仅有14.9%的农村教师认为需要承受家庭方面的压力。此外，乡村小学青年教师工作压力也源于学生不爱学习和难以管理，特别是没有父母在身边监管、自觉性较差的留守儿童更多表现出不爱学习和难以管理的特点。所有这些都给小学乡村青年教师增加了巨大的职业压力。

正是由于压力较大，致使很多教师出现工作倦怠，调查显示，小学乡村青年教师中无工作倦怠的占29.88%，稍有工作倦怠的占59.28%，很有工作倦怠的占9.16%，极度工作倦怠的占1.69%，这说明乡村小学青年教师工作倦怠的比重很高。

如今的乡村尊师重教风气不浓，原因很多：一是近年来，乡村外出务工的人很多，他们通过劳动，获得比较好的生活条件，以致很多家长认为只要孩子健康就好，长大了，外出务工就好；二是教师待遇比较低，在乡村家长眼里，经济地位才能决定社会地位；三是乡村小学办学质量比较差，办学条件很差，随着城镇化建设，乡村教育日渐衰落，环境不佳，导致学生学风不好，从而影响到教风，使得教风不好。

我在调查中发现，43.86%的乡村小学青年教师缺乏同伴互助，一是缺乏理想信念，造成没有互助的前提，乡村小学青年教师更多讨论的是如何离开乡村，而不是探讨如何在乡村小学发展；二是缺乏合作能力，乡村小学很少有平行班级，教学教研各自为政多；三是乡村小学很少为他们提供合作的平台与机会。

一个贫困县贫困乡的一所学校，要发展好乡村教育，建设出农村精品学校，关键在教师，难点也在教师。没有教师的成长，就不会有学生的成长，更不会有学校的成长。基于学校的实际情况，我们茶陵县舲舫中心小学以促进教师发展为突破口，努力办好农村精品学校。

依托青年教师俱乐部，促进青年教师共同成长。新教师的培养是其自身成长的内在要求，也是提高教学质量的前提。舲舫中心小学依托青年教师俱乐部，开展"六个一"行动，满足新教师的发展需求，从道德水平、学科素质、教育教学能力、教育科研能力等方面提升青年教师素质，促进青年教师的专业成长。

上好一堂公开课，提高教学能力。俱乐部从教师从教信念、高效课堂打造、教学技能三个方面，分别邀请专家来校进行专题讲座。还通过邀请专家到校上示范课、外出听名师上课、观看名师录像课三种形式，让青年教师观摩示范课。同时开展微格式深度教研，提升乡村青年教师课堂领导力。微格式深度教研的做法是：第一步摸清楚底子，第二步专家讲座，第三步大比武，第四步定微格，第五步微格考核。利用教学比武，为青年教师上好每一堂课搭建平台。赛课是青年教师上好课的"快车道"，俱乐部打造了校级"将军杯"教师比武、株洲市乡村教师比武、湖南省道德与法治名师工作室三个平台并参与其中的工作。比赛有成绩，青年教师上好课有信心，通过赛课培养教师上好每一堂课。通过努力，青年教师两年内获得全国名师工作室现场赛课特等奖 5 个、一等奖 8 个，省微课大赛一等奖 8 个，市教学比武一等奖 3 个。

读好一本教育专著，提升理论水平。学校为青年教师购买了 380 余本教育专著，株洲市教科院赠送给学校 160 多本教育书籍。每次俱乐部活动，由一名青年教师给大家分享读书心得。俱乐部根据教师看书的完整性和阅读分享效果记分，并纳入教师成长档案。

开发一门校本课程，提高课程领导力。国家课程培养学生的全面发展，而校本课程培养学生的个性发展。我校所在的舲舫乡是全县有名的"将军之乡"，为了确保校本课程能够得到落实，我们一是带领教师编写好"将军文化"课程资源；二是安排好上课的教师；三是开展实践活动，践行将军精神；四是以将军的名字编好班级，为孩子们树立榜样；五是培养将军文化解说员，讲好将军的故事；六是定期开展评价，落实教育效果。

练好一手粉笔字，夯实基本功。俱乐部为了提升青年教师粉笔字的水平，做到"三定"。一是定老师，将本校老教师定为指导教师；二是定时间，每天下午第一节课前设有 15 分钟的书法时间，教师每天坚持练粉笔字 15 分钟；三是定展示，设立专门的教师硬笔书法展示平台，落实教师的书法评价，从而进一步提升粉笔字的书写水平。

写好一篇论文，提升科研能力。教师专业发展离不开专业写作，写好论文是优秀教师的必备素养。俱乐部为了让青年教师写好论文，一是邀请专家讲论文写作方法，给青年教师的教育论文写作带来启发；二是组织优秀教师批改论文，提升青年教师写作水平；三是设置奖励方案，鼓励青年教师积极参与论文征集活动，不放过任何一次投稿机会。

讲好一个教育故事，提升教师职业道德。教师运用讲故事的方法讲述有意义的校园生活、教育教学事件、教育教学实践经验，从而发掘或揭示其背后的教育思想、教育理论和教育信念。教师在教育实践中积累素材，从面临的教育教学问题和成功的教育经验中筛选素材、提炼主题、遵循一定的结构和格式，最终形成真实、生动、鲜活的教育故事。青年教师将从教经历写成正能量的教育故事，坚定乡村从教的意识。

依托"青蓝工程"，促进年长教师自我提升。教师是一份"教学相长"的职业。教师与教师之间、教师与学生之间，相互学习、相互成长，这是教师成长的必经之路。为了达到以新促老、共同提高的目的，我校开展了"青蓝工程"活动。年长教师在自己漫长的教学生涯中，积累了一定的经验，却往往缺乏记录和总结。在学校的"青蓝工程"活动中，我们要求老教师积极参加教育科研，为新教师上示范课，一学年不少于两节；并要求其协助新教师备课，指导新教师开课、听课、评课、说课。在青年教师俱乐部活动中，我们邀请年长教师作为嘉宾，给年轻教师总结自己的教学经验、方法等。乡村学校的年长教师，他们有着忠诚于党的教育事业的思想，骨子里刻着对乡村教育、乡村孩子、乡村这片土地的热爱。想要把这种热爱之情彻底激发出来，就需要催化剂。"青蓝工程"不仅促进年长教师向研究型、学者型教师转型，更是乡村年长教师教育情感的催化剂。年长教师在帮扶青年教师的过程中，帮助青年教师了解乡村孩子的心理、行为特征，让他们懂得如何与乡村孩子沟通相处、因材施教。在口口相传中，年长教师对乡村教育的热爱之情便会被激发出来。"青蓝工程"的实施，较好地促进了年长教师教育教学水平的提高，让他们在带徒弟的过程中不断完善自己，取人之长，补己之短。

加强校园文化建设，树立乡村教师文化自信。在城乡文化的冲突下，由于文化地位边缘化、文化自觉意识缺失，乡村教师往往缺乏文化自信。要化解乡村教师的文化自信危机，加强乡村文化建设，学校要充分发挥乡村教师文化建设的主体作用。舲舫乡原名苏红乡，这片红色的土地培育了谭家述、谭余保、谭善和、李俭珠、周则盛等革命将领。舲舫古名"翎舫"，昔有竹木伐、船舶于此停靠而得名。全乡官溪、洮水、河坞等多个村名都与水有关，又称"水韵之乡"。依托这些资源，学校提出以刚柔相济的"红色舲舫，善行人生"为学校文化的主题，让学生有"上善若水"的品德、"海纳百川"的胸怀、"流水不腐"的勤劳、"水滴石穿"的坚韧。经过近年的不懈努力，学校先后获得了株洲市教育工作创新奖、株洲市素质教育督导评估先进单位、株洲市先进名师工作室基地、茶陵县教育工作创新奖评选特等奖、县素质教育督导评估先进单位等奖项和荣誉称号。

教师需要一种精神力量，一个民族尊敬教师，国家才有希望，一个学校的学生和家长尊敬教师，学校才有希望。我们学校通过以下途径倡导尊师重教，一是学校管理层尊师重教，管理者对教师的态度，决定了学生对教师的态度，管理者每年评选十佳教师、十佳班主任，并看望最困难的十位教师；二是积极争取乡政府和村支两委对教师的尊重，每年教师节定期慰问教师，表彰优秀教师；三是在家长会上宣传优秀教师，通过观看"教师工作一日"、教师教学集锦让更多的家长了解教师、尊敬教师；四是把尊师作为学生常规工作抓，建立民主平等、尊师爱生、心理相容、教学相长的新型师生关系。

我在调查中发现，85.06%的青年教师愿意终生从教。为了促进青年教师更好地成长，更加乐于从教，尤其是乐于在农村从教的教师，应该设立教师奖励基金，我所在乡的乡政府设立了专门教师奖励基金，用来改善乡村小学青年教师的待遇。2018年，我们举行了舲舫乡议教活动，通过我们青年教师的自我展示，引起了乡政府的高度重视。乡政府专门定在教师节，组织乡、村干部对青年教师进行慰问，并设立奖教基金，每个期末为教师颁发教学质量奖，并授予荣誉称号。

办好农村学校，让乡村孩子享受和城市孩子一样的教育资源，教师成长是关键。正因为有大量的乡村教师每天行走在乡间的小路上，才会有乡村孩子未来的康庄大道。

好师德才有好老师

"校长，您还要在这里干多久？是不是下半年就走啊？要是走记得告诉我们啊！"每年的六月，学校的青年教师问我最多的问题就是这个了。坚守乡村，建立了我和他们之间的情谊。我很感动但是也很无奈，我希望他们是乐于奉献乡村教育，而不是以我的去留来决定他们的去留。

我们学校获得教育部在乡村从教三十年荣誉证书的教师有 11 人，他们虽然没有退休，但是已经在乡村工作三十年了。教育部为提升乡村教师职业荣誉感，宣传乡村教师坚守岗位、默默奉献的崇高精神，在全社会营造关心支持乡村教师的浓厚氛围，组织颁发了荣誉证书。这是对在教学岗位上坚守三十年的教师的一种鼓励，更是对他们坚守岗位、敬业奉献的肯定，也是对他们将自己的职业生涯奉献给教育事业的尊重。三十年，几乎是人一生可以工作的全部时间，一生站在乡村教育的讲台上，默默无闻，甘守清贫，这一份坚守和奉献，得到教育部的表扬和嘉奖，当之无愧！但是，时代越发展，越难有年轻教师乐意一辈子坚守乡村。尤其是现在到处缺老师，过去是优秀的老师才能去县城，而现在是只要你乐意去县城，县城好几个学校就会抢着要你，于是有个别老师只要对某一方面有所不满意，就会考虑逃离乡村去县城。当然，我们不应该采取道德绑架，毕竟每个人的去留本来就是自由的。但是，我们在乡村一天，就要全身心投入乡村教育中，对于乡村青年教师，更加需要的是师德方面的约束。

教师的职业道德，简称"师德"，它是教师和一切教育工作者在从事教育活动中必须遵守的道德规范和行为准则，以及与之相适应的道德观念、情操和品质。师德，是教师应有的道德和行为规范，是全社会道德体系的组成部分。从实践的角度看，具有高尚情操、渊博学识和人格魅力的教师，会对其学生产生一辈子的影响。师德，是教师工作的精髓，可以用"师爱为魂，学高为师，身正为范"概括其内涵。师爱为魂，"师爱"是教师对学生无私的爱，它是师德的核心，即"师魂"。从爱学生的角度讲，就是教师要做学生的良师益友。好师德才有好教师，好教师造就好学生，好学生谱写好未来，可见师德的重要性！

一、 好知识奠定好师德

我不认为带病坚持工作的老师就是拥有好师德，我也不认为天天加班的老师就具备好师德，那究竟怎样的老师才算有好师德呢？我想除了遵守教师职业道德外，具备好的知识是好师德的基础。不知道为什么，县教育局安排我去参加一个师德讲师培训，没有来京师课堂听课前，我一直是不愿意来这里学习的。其一，可能是参加国培的次数多了，我发现，很多时候教师培训只是在浪费生命混学分而已；其二，这次培训，虽然是在北京，但这是我参加培训以来最偏远的地方。然而，从听了王文静院长的"传承师德，立德树人"讲座开始，我对这次培训就变得很期待。一天的听课下来，我感觉这次培训定会是最有意义的一次培训，必定会给我未来培养乡村青年教师师德奠定良好的基础。一天4个教授给我们上课，一点不马虎，记得曾经参加一个15天的培训，一天一个教师，上午上课，下午自由讨论，天天如此，与这样的培训比，这次培训才是真正的做教育。

从课程安排来看，这次培训是有深度的。之前，我收到了北师大的问卷调查，一个问题把我问住了：你读过多少遍《论语》《道德经》《大学》《中庸》等？说心里话，我算是一个喜欢读书的人，但是除了《论语》以外，其他的书我真的没有读过。原以为，这个问卷调查就是问问而已，来了以后，看到课程安排，我发现，这不是问问而已，而是这几天来，我们要学习这些。师德源于此，要培养好的师德，必须先熟读经典。何为天下第一等事？当读书做圣人耳。

从上课的老师来看，这次培训是有水准的。王文静院长的"传承师道，立德树人"一课让我明白：师德源于经典，教育必须使教育者先受教育。北师大马克思学院的杨世文教授的"新时代、新布局、新理论"，完全颠覆了我对哲学的看法，原来真正的哲学是如此有趣。同时让我明白了：强国必须要强教育，教育强首先要教师强，我们教师必须增强自己的能力，迎接这个新时代。也许我们现在还在抱怨教师的待遇低，那我们不妨发挥一下阿 Q 精神，反过来想想，如果教师待遇特别高，无数人争先恐后想做老师，我们可能不再有机会站上三尺讲台了。既然选择了这个行业，就要坚持走下去，并且不断自我完善，成为更加优秀的教师。快八十岁的北师大教授林崇德的"教育大计，师德为本"一课让我明白：爱是教育的根本，我们要对学生充满无限的期待，一定要坚信这些学生我一定能教好，这些学生一定能够成才。

从志愿者服务来看，这次培训是有爱的。这次培训一共有全国各地的近 400 名教师，这么多的人，一个会场，如何顺利进行，对于组织者是一个重要的考验。于是，会场上有了一群红衣人，他们就是会务的志愿者。当天晚上十一点多我们才到会务中心，这一群红衣人已经在等我们，让我们有一种回家的感觉。第二天早上，这群红衣人，早早等着我们，引导我们吃早餐、引导我们去听课，课间为我们提供学习服务，去吃饭的时候提醒我们小心台阶。他们是北师大的在读硕士生、博士生，是未来的顶尖老师，他们已经提前践行师德。

从赠送的礼物来看，这次培训是有深意的。这次培训，会务组给我们每个与会者赠送了一套带拼音的四书五经。看到这个礼物，我发现自己真的无知，一个教书人，面对中国的经典，竟然有些陌生，不禁汗颜。这些书，让我开始反思我们的教育，传承中华经典，我们做过什么，今后我们应该怎么做？好在有一群人在行动着，北京师范大学中华文明传播中心，一直致力于传承文明，立德树人。他们勇于承担"修身为先，教学为先"的历史使命，通过开展"中华文明进校园""中华文明进家庭"等活动，传承与创新中华文明教育。我不禁想到了王院长带着 200 多名教师在大凉山给孩子普及普通话的情形。只要敢想敢做，真的一切都有可能。

爱自己的学生是人，爱别人的学生就是"神"，身正就是大先生。北师大教育部副教授杜霞从电影的角度阐述不一样的师德，世界能通过梦想改变，电影能唤醒生命的激情，重构我们的意义世界。当我们身处黑暗的时代，电影为我们提供了一条不平凡的捷径，电影帮我们实现梦想，在别人的世界里，圆了自己的梦。电影是潜移默化的教育，教育不关注技术，而需要关注心灵。我们需要有德的教师，好老师最首要的是德。厚德载物，德育是教育的根本。对乡村青年教师的培养，应该从德开始，而好德需要好知识的熏陶。

二、《大学》——好师德培养的好载体

教师是大家非常关注的群体，教师的师德关系到乡村教育发展，好老师才有好教育。一直以来，我认为师德培养是一个复杂的工程，但是我发现《大学》其实也是我们教师修身养性、培养好师德的好载体。在北京师德讲师团的培训中，北师大的主持人，带领我们近 400 名教师一起诵读《大学》。说实话，这是我第一次如此认真地诵读。给我们上课的是当代教育名家、北京师范大学

教育学部教授郭齐家。《大学》是儒家的经典，也是道家的经典。"大学之道，在明明德，在亲民，在止于至善。""四书"要用心去读，以生命对生命，以真诚对真诚，儒学是生命的学问，也是学问的生命。知行合一，身心合一。

首先，郭齐家教授给我们简述了《大学》。大学是《礼记》中的一篇，全篇共 1751 个字，《大学》分成经一章与传十章，经一章三个纲领，即明明德、亲民、止于至善；传十章着重解释八条目，即格物、致知、诚意、正心、修身、齐家、治国、平天下。在戴圣的《小戴礼记》里面，《大学》能帮助初学者进入道德之门。古人读书三个阶段：入门——升堂——入室。读书的顺序是先读《大学》，以定其规模；次读《论语》，以立其根本；再读《孟子》，以观其发越；最后读《中庸》，以求古人之微妙处。

然后，郭齐家教授带我们精读《大学》的"经一章"，"大学之道，在明明德，在亲民，在止于至善"，它的意思是，大人之学的宗旨，在于阐明光明的德性，在于亲爱人民，在于达到至善的境界。古人的"大学"指的是成人的终身教育，是"大人"教育学习大道，是大学问，是大学校。"大学"即大人之学，讲个人修身成德、和谐家庭，逐渐扩大到治国平天下的道理。"明明德"是修己、内圣。第一个"明"字是动词，阐明、彰显、发扬光大；第二个"明"字是形容词，光明、善良、先天的善端善性；"德"字是名词，德性、品德。人性是善性，人心是良心，人情是真情。"亲民"就是安人。"亲"是动词，亲近、亲爱；"民"是名词，民众、大众。要新民必先亲民，亲民的目的是新民，希望民众都能去掉旧习，做新的人民，二者并不冲突。止于至善，是指追求最高、最完美的境界。把修己与安人二者结合起来，把内圣与外王二者统一起来才能达到至善的境界，引导人们达到最高的精神境界。三纲领从主体与客体，从对己对人两个方面阐明大学之道，目的是人人能明辨是非、善恶，达到大学崇高理想。"知止而后有定，定而后能静，静而后能安，安而后能虑，虑而后能得。物有本末，事有终始。知所先后，则近道矣。"通过止、定、静、安、虑的修养功夫，能得到大学之道，得其所止。虚静——静心第一，利他为上。

最后，郭齐家教授带我们学习《大学》的八个条目。古之欲明明德于天下者，先治其国；欲治其国者，先齐其家；欲齐其家者，先修其身；欲修其身者，先正其心；欲正其心者，先诚其意；欲诚其意者，先致其知；致知在格物。物格而后知至，知至而后意诚，意诚而后心正，心正而后身修，身修而后家齐，家齐而后国治，国治而后天下平。八个条目以道德理念认识为起点，以道德理念建立为中心，以道德自觉性培养为根本要求，以修身齐家治国平天下为道德教育的实践目标。

《大学》提出的"三纲领"（明明德、亲民、止于至善）和"八条目"（格物、致知、诚意、正心、修身、齐家、治国、平天下），强调修己是治人的前提，修己的目的是治国平天下，说明了治国平天下和个人道德修养的一致性。《大学》全文文辞简约，内涵深刻，影响深远，主要概括总结了先秦儒家道德修养理论，以及关于道德修养的基本原则和方法，对儒家政治哲学也有系统的论述，对做人、处事、治国等有着深刻的启迪性。

从北京回来后，我怀揣着《大学》，带着全体师生，每天早上用 15 分钟的时间一起诵读《大学》，不知不觉我们已坚持诵读了 100 多天。未来，我还会和我们的老师在诵读中慢慢感悟，慢慢修身养性，培养好师德。

三、 修身养性提升师德境界

在北师大学习期间，在志愿者的带领下，我们每天一起诵读了《大学》，大声的朗读让我浑身发热，也感受到了北京秋天的温暖。

上午给我们上课的是清华大学人文学院历史系的方朝晖教授，他的课从讨论"修养"开始，"养"是因势利导、循序渐进的改变，"修"是短时间改变一个人达到一个目标。他给我们播放了一个短视频《最后的编织》，告诉我们，一切的痛苦来源于我们的不肯放弃。这部芬兰导演 Laura Neuvonen 拍摄的动画，通过一个编织者的故事，折射出生活中为各种欲望所摆控的我们。故事告诉我们，如若太过执迷不悟，迟早会让自己坠入深渊。片中女子执着的编织象征意味浓厚，你可以看作是对梦想、对名利、对各种割舍不下的欲望的追逐，女子企图通过加速编织使自己脱离悬崖，且自信自己不会为围巾所缚，便舍弃了可以救命的剪刀，最终只能为围巾所累。所幸影片最终，历经艰难后重获新生的女子，终于勇敢扔掉了操控她的织针，对着剪刀陷入沉思。对于同样被奴役的我们，何时能生出及早抽身的勇气？影片的结尾是无声的警示。

　　修身养性要从认识自己开始。孟子曰：存其心，养其性，所以是天也。儒家认为，养生不仅仅是滋养身体，还包括滋养精神。养生是否达到目标就一个检测标准：在高强度工作面前，你是否能够从容不迫。动静节宣，以养生也。我们时常觉得自己无所不能，其实现实不是如此。有才而性缓，定属人才，有智而气和，其为大智。"大烈鸿猷，常出悠闲镇定之士，不必忙忙"，能驾驭自己的心气的人，才是高人。"缓事宜急干，敏则有功；急事宜缓办，忙则多错。"那我们怎么养生？《格言联璧》告诉我们，少思虑以养心气，寡色欲以养肾气，勿妄动以养骨气，戒嗔怒以养肝气，薄滋味以养胃气，省言语以养神气，多读书以养胆气，顺时令以养元气。

　　修身养性，还需要明白自己要做什么样的人。人有很多种类，深沉厚重是一等资质，磊落豪雄是二等资质，聪明才辩是三等资质。扪心自问，面对这三个标准，我勉强只有三等资质，因为没有四等，所以姑且把自己定为三等。在教育领域，我们的课堂上更需要一等资质的人来与学生对话，什么样的教师就能培养出什么样的人，这就是师德的要务。那我们应该怎么来培养深沉厚重的资质呢？《格言联璧》告诉我们，处难处之事愈宜宽，处难处之人愈宜厚，处至急之事愈宜缓，处至大之事愈宜平。内心境界，日日常新，这是一个很难做到的事情，但是辽宁省盘锦市辽河油田实验中学正高级教师朱萍用自己的经历告诉我们，内心境界深沉厚重的老师对孩子们是多么的重要；河北省衡水中学正高级教师信金焕老师，通过与爱人之间的生活琐事，与她妹妹生离死别的伤痛等经历，让我们明白了深沉厚重的资质有多重要。做一个身体健康、思想纯净的人是修身养性的最高境界。

读好一本教育专著——用心灵去塑造心灵

在乡村教师问卷调查中，教师阅读量很小，一年不到 2 本书，舲舫乡村青年教师俱乐部要求每个教师一年阅读 6 本书以上，阅读内容包括学生核心素养发展、教育理论、名家名著及其他经典文学作品等四个方面。三年来，学校为青年教师购买了 280 余册教育专著，株洲市教科院为舲舫中心小学捐赠了 60 多本书。每周三晚上，俱乐部活动的开场白会有一名青年教师将读书成果分享给大家，一是分享哲学与文化书籍，如向斌斌分享了叶秀山的《哲学要义》，谭颂勇分享了梁漱溟的《中国文化要义》；二是分享教学与生活方面的内容，如刘颖君分享了《核心素养下的主题班会》，彭辰辰分享了《做一名幸福的教师》等。这得到了市教科院丁文平副院长、余民主任的高度认可。俱乐部视教师看书的完整性和阅读分享效果来记分，并纳入教师成长档案。下面我们一起来分享乡村青年教师刘小丽读《给教师的建议》一书后的感受：

大家好！我是刘小丽，我这次的读书分享是苏霍姆林斯基的《给教师的建议》，他是苏联教育思想的集大成者，他是主张个性和谐发展的教育理论家和实践家，他"相信孩子、尊重孩子，用心灵去塑造心灵"的思想是教育思想宝库中的瑰宝。作为入职不久的乡村教师，提升自身的教育素养非常重要。正如苏霍姆林斯基所说：作为教师，要有读书的兴趣，喜欢博览群书，要能在书本面前坐下来，深入思考。读完苏霍姆林斯基的《给教师的建议》一书，我思考了很多。书中第一章"请记住：没有也不可能有抽象的学生"中，提出了一个问题：为什么早在一年级就会出现一些落伍的、考试不及格的学生，而到二、三年级有时候还会遇到落伍得无可救药的，导致教师干脆弃之不管的学生呢？这是因为在学校生活的最主要领域——脑力劳动方面，学校缺乏个别对待的态度的缘故。苏霍姆林斯基告诉我们，作为教师，我们应善于确定：要通过怎样的途径，要经历怎样的阻碍和困难，才能引导儿童接近教学大纲所规定的水平，以及怎样才能在每一个学生的脑力劳动中具体地实现教学大纲的要求。

我从教的学校茶陵县舲舫中心小学处于湖南省贫困边远山区，这里的孩子大多数是留守儿童。我是 2019 年上半年接手一年级，是半途接班，我这个一年级有半数是苏霍姆林斯基所说的"落伍的""不及格"的学生。我一直在思考尝试，怎样让我教育的这些学生能接近教学大纲所规定的水平。如果能像苏霍姆林斯基所说的那样，掌握教学和教育的技巧和艺术，能使每一个儿童的力量和可能性发挥出来，使他们享受到脑力劳动中的乐趣，那该多好！能使我班的那些"落伍的""不及格的"的学生尽量掌握大纲要求的知识，那该多好！

布置简单的学习任务。一天放学，身为班主任的我，还留在教室里，看看那些孩子们卫生打扫得怎样了，看看没写作业的小蓉把作业补好了没有。随着扫把的挥动，我留意到了那张稚嫩的脸：她穿着一身绿色的幼儿园园服，乌黑的头发，额上留着少许刘海儿，刘海儿上装饰的是一个粉色的头箍，她叫小欣欣。看到她，我便想起来了，她就是一年级上学期期末语文成绩13分的孩子。我连忙喊住她："你记得打扫完卫生留下来，我送你回家。""我会自己回家。"小欣欣继续扫地。"我送你回家！"我继续强调。对于这个孩子，我是不大了解的。这个孩子，长得挺漂亮，话少，却有一口流利的普通话，声音又很好听，可语文成绩只有13分，数学成绩也差不多。整个班级拼音都很差，我给这个班重上了拼音课。后来的拼音课中，我发现这孩子字写得不错，上课也认真听课，家庭作业也完成了，那到底是怎么了，才导致她只拿到13分呢？这让我非常疑惑。

小欣欣扫完教室，她跟着我来到了我的宿舍。我让她把试卷拿出来给我看，我发现这孩子拼音全部不认识，也不认字，看不懂任何句子，不懂如何组词。看到她的试卷，只有一个感慨：这孩子，语文太差了！一年级阶段，怎么办？于是，我把拼音课又给她重新上了一遍，反复教，可这孩子就是记不住。我不禁质疑：这孩子或许是记忆力相对其他孩子差点，或许是智力发育有问题。

苏霍姆林斯基提道：有经验的老师，在一节课上可能会给一个学生布置2~3道题甚至4道比较复杂的应用题，而给另一个学生布置一道简单的题。那我也尝试下给她布置简单的学习任务。

第二天放学后，我让她背着书包到我的办公室去，只见她已经拿出了一年级上册的语文书和本子、笔等东西。真积极！我立刻拿了条凳子，坐在她身旁，这次尝试着只教"a""o""e"三个韵母，我教她认字母的字形，教她如何动嘴，教她如何联系生活去记住这些字母。持续教了2小时后，进行检测，还是不全会，不过显然，她支支吾吾地能说出"a""o""e"了。把复杂的切换到简单的，果然效果会好些。

到了全班重上拼音课的内容是"b""p""m""f"声母的时候了，要求将声母"b""p""m""f"和韵母"a""o""e""i""u"等组合起来认读拼音，有一定难度。放学后，我点单个字母让小欣欣读，这孩子，单个的字母都会了，可是把声母和韵母放一起就不会了，声调问题尤其是第四声和第二声分不清楚。我只能又将声母韵母分开让她读，反复读，加上玩开汽车的声调小游戏，终于她能慢慢地读出来了，我心里暗自庆幸。可是，读着读着出问题了，全部混淆了，"b""p"不认识了，"o"也不认识了。也许是她今天累了吧，她越读越混淆，她读不出来的时候，我就有些着急，一着急声音就大，她就哭起来了。她脆弱的眼神里充满了恐惧，我就像苏霍姆林斯基所说的"监工"那样，大声吼叫的样子看起来非常"冷酷无情"。我想起来苏霍姆林斯基的建议：我们青年教师，要像爱护最宝贵的财富一样爱护儿童对你的信任这朵娇嫩的花儿。是啊，她开始的眼神里明明透露着对我的信任，她相信我可以帮助她。可我呢，光想着给她去补差，却没有关注她的内心。她读不出来，她就对自己失去了信心，渐渐地对老师也不再信任，她的内心只有恐惧了。想到这里，我停了下来，奖励她一个本子吧，她这段时间的进步也是应该有所奖励的。她得到鼓励后，心情也慢慢地恢复了平静。这一天，还是走着那条"米汤路"，我依然送她回家了。

第五天，第六天，一周多过去了，重上拼音课，依然如故。这天，放学后，小欣欣背好了书包，已经站到了我面前："刘老师……"我点点头，示意她去办公室。她对我笑了笑，这微笑和以往感觉不一样了，感觉就是很相信我、和我很熟悉的笑，有点我女儿对我笑的味道。这孩子，"o"虽然会读了，却不熟悉，"y""w"会吗？声母和韵母组合的拼音会了吗？我看悬。日积月累的重上拼音课后，依然是我点她读，"a""o""e""i""u"等字母没出现一个错误，和往常比，读得十分流利了。教学上，我不能急于求成，正如苏霍姆林斯基传授的：知识是在一个较长的时期内逐步发展和深化的。掌握知识过程的长期性和渐进性不可忽略。在我的检测中，"b"她不熟悉，于是我就告诉她，我和我女儿经常会"啵一个"，这时，孩子一下就记住了"b"字母的读音了。那就先强化复习即将组合拼音的字母吧！组合读拼音的学习往后推移。果然，教学要考虑到学生理解的渐进性。

又过了几天，随着前面的积累与熟悉，我点小欣欣读，除了读的速度慢一点，她能全部读对，包括所有的声调……我很庆幸，这孩子终于能读对了，教学就是这样，从教最容易的开始，每次教一点，然后慢慢地教多一点，难一点，再教多一点，再难一点，渐渐地，孩子也就掌握了。现在，她从完全不认识拼音字母，已经转变为能拼读很多简单的拼音了。

　　作为教师，布置简单的学习任务、爱护儿童的信任、注重教学方法……用心灵去塑造心灵，才会赢得了一个孩子的转变。苏霍姆林斯基的"相信孩子、尊重孩子，用心灵去塑造心灵"的思想是教育思想宝库中的瑰宝。他的教育实践鼓舞着我，他是我心中的教育偶像。

讲好一个教育故事

　　教育故事是为回应人类社会生活的叙事化生存诉求、丰富和转换教育研究话语的需求、促进教师专业化成长而产生和繁荣的。教师可以在教育实践中积累素材，从面临的教育教学问题和成功的教育经验中筛选素材，提炼主题，遵循一定的结构和格式，最终形成真实、生动、鲜活的教育故事。

　　青年教师将从教以来的经历写成一个正能量的教育故事，讲出来感动自己的同时也能影响到身边的同事。如，河坞小学教学点曾琪琪老师分享的《乡村教师工作的一天》、松江小学特岗教师陈海伦的《处事皆宜，做人为良》、彭辰辰老师的《我在扶贫路上》、刘颖君老师的《留守儿童的心》等从各个角度、各个方面记叙自己从教经历、扶贫经历，均获得青年教师俱乐部的好评。向斌斌老师的《我和我的学生情》、陈海伦老师的《我的爷爷》两个教育故事，还被茶陵县《家书》收录并出版。

　　对于教育扶贫，很多人有不同的看法。我在农村一线，目睹了真正的贫困户，看到了孩子的不容易。在教育扶贫这条道路上，年轻教师应该走在前面。我对他们说，应把教育扶贫当作一场年轻教师的师德修行，一种爱心的传递，而不是当作一项任务。让我们一起来听听我们的青年教师刘颖君讲的扶贫故事：

我是刘颖君，今天我来讲和扶贫对象的故事。首先我跟大家介绍一下我的两个扶贫对象：一位是就读 155 班的谭香兰，另一位是就读 152 班的陈圣洁。这两个女孩子住在官溪村 14 组。今天我主要讲的是我与陈圣洁的结对帮扶故事。陈圣洁家中除了她只有一个 82 岁的奶奶，父母在株洲市里，在她三岁的时候父亲由于脑出血做了开颅手术，身体虚弱一直没有工作，母亲在株洲洗货车零件赚钱。有一个姐姐现在在广州打工，由于怕给家庭增加负担，即使考上了一中也放弃了。

第一次：扶贫是一个任务

2017 年 10 月 16 日，与我分在同一组的陈华雄老师临时决定去上门家访。我记得那天我还穿着一条包裙，没有来得及换衣服就坐上了他的摩托车疾驰而去。去到陈圣洁家的时候，由于语言不通，我几乎没有跟圣洁的奶奶进行交流，只是一起合影了一张，然后匆匆返回。这个时候，对于扶贫，真的就好像是在做任务，而且也没有认真地去完成。

学校对于扶贫也是非常重视，说好要在十一月份前完成三次家访，而我只有一次。鉴于官溪正在修路，陈老师建议说等路面情况好些再出发。于是，我也打消了这个念头。开始在学校里面给她们偶尔进行教育扶贫，带她们读读英语、默默单词，虽然也认真辅导，但是我的目的其实是为了拍照存档。

第二次：扶贫是一种责任

11 月 22 日，学校开会说株洲市有领导要来检查，于是我利用中午休息的时间带着两个孩子上门家访。那天，虽然阳光明媚，但是由于前一天下过雨，路面上有很多泥巴。我们三个人在河边边走边聊。这个时候我才对两个孩子的生活和学习有了更进一步的了解。孩子领着我来到家中，奶奶自然是不记得我了，我再次向这位奶奶做了自我介绍。奶奶很慈祥，但由于耳背，我需要贴着她的耳朵说话她才可以听到。我向奶奶询问了教育扶贫资金是否到位，奶奶说着说到了陈圣洁的爸爸，说她的儿子做了开颅手术不能工作，在株洲只能给她的妈妈做做饭。一家人就靠她妈妈洗货车零件来维持生计。奶奶哭了，布满皱纹的手不断擦着眼泪。她不停地和我说着谢谢。我内心惭愧啊，我什么都没有做。当我告诉奶奶这是国家的政策，我其实没做什么的时候，她回答："国家政策好，你们也辛苦了，我们要感恩。"我突然觉得扶贫不再是一项任务，而是一种责任和义务。他们需要我的帮助，我一定要帮助他们。

第三次：扶贫是爱心传递

11 月 26 日学校扶贫整改会议后，我做了一个决定，我一定要独自去走访。第一，来舲舫这么久我需要自己熟悉下周边的环境；第二，我还没有一个人去过她们家，连正确的路线都不清楚；第三，我不想坐摩托车，这个季节对于我来说太冷了。于是拒绝了陈老师的一番好意，我独自一人走上了扶贫之路。天气很好，正好走走，享受下阳光。出发前我给陈圣洁打了一个电话，第一次没人接，第二次拨过去她接了说正好回来，我跟她约好三十分钟后在舲舫大桥碰面，但是不要告诉我她家的具体位置，试试让我自己找。我的预算很准，当我走到大桥那时，陈圣洁正好向我跑来，两个人像许久不见的朋友一样，很开心。一路上，我认真地寻找着通往她家的路。最终我看到了坐在大门口的奶奶。我很大声地叫了声奶奶，她还是向上次一样拉着我的手。然后指着她的鞋子告诉我说她刚赶集回来，买了这双花棉鞋，还像捡到了宝贝似的告诉我这双鞋子才 15 块钱，那欢快的样子简直像个可爱的小孩。这时，隔壁的邻居跑过来对奶奶说："你大孙女回来了啊！"我偷笑，也没有否认。其实我很享受这种感觉，我没有见过自己的爷爷，我的奶奶在我读小学的时候就过世了，我是一个对老人、小孩有情结的人，对他们会特别关爱，也特别愿意跟他们亲密接触。当我让孩子填表格的时候，奶奶已经偷偷地去厨房做饭了，其实那个时候才上午十点多。

　　三次上门家访下来，对于扶贫，我的抱怨越来越少，甚至在周日回来的那天跟段婷说我是抱着观光旅游的心态去的。事实上，那天我虽然走了几个小时，但是真的很充实很开心。在扶贫的路上，我深深地体会到了什么是真善美。并且我觉得这种真善美不应只是体现在扶贫上，生活中我们都应该互帮互助，做一个有信仰、崇尚真善美的人。未来，作为教育工作者，我们要坚定地做一个传播正能量的人。

教师编

写好一篇论文

论文写作，对于教师这一特殊职业的人群来说，还是必要的。对于教师专业发展，朱永新教授总结为"吉祥三宝"，即专业阅读、专业写作、专业发展共同体。由此看来，教师专业发展离不开专业写作，写论文是优秀教师必备素养。俱乐部为了让青年教师写好论文，一是做好请专家讲论文写作方法，我们邀请了茶陵县新闻投稿第一人蒋军生讲"教育新闻写作与投稿方法"，正高级教师王建立讲"教育论文写作技巧"，通过专家指点，青年教师对教育论文写作有了新的认识；二是组织优秀教师批改论文，对于青年教师投稿的论文，校长一一批改，通过多次修改，提升青年教师写作水平；三是设置奖励方案，鼓励青年教师积极参与论文征集活动，不放过任何一次投稿机会。两年来，青年教师将自己的教育教学心得、体会、研究小课题形成文字记录，其中有 13 篇论文荣获省一等奖、30 多篇论文获得省二等奖。

2019 年 10 月 9 日，乡村青年教师成长俱乐部第 46 次活动在舲舫中心小学多功能录播室如期开展。此次活动邀请了湖南省特级教师、首批正高级教师王建立作为讲师，主讲内容为教育故事写作和论文写作方法与技巧。参加活动的现场人员有乡村青年教师成长俱乐部成员、周边乡镇青年教师、舲舫中心小学的行政人员。此外，活动通过网络直播吸引了 400 多位未能来现场的青年教师在线上一同学习。

王建立，曾任攸县教育局教研室主任 15 年，荣获"攸县十佳公仆""株洲市十大读书人物""株洲市优秀教师"等称号，系株洲市人才库核心专家，湖南省中学语文特级教师，湖南省首批中小学正高级教师，湖南省中小学正高级、高级、特级教师评委，湖南省督导评估骨干专家，湖南省示范性高中督导评估专家（全省仅 30 人），湖南省教师培训省培专家。他曾应邀在省、市、县开展讲座 100 多场，主持教育科学规划课题并获湖南省二、三等奖，在省级刊物上发表论文 60 余篇、散文杂感 50 多篇。他的专著《菁菁校园行》和《诗心燕语》分别由长江文艺出版社和湖南人民出版社出版，他所主编的《行走在教育的春天里》和《教师专业成长必读》分别由湖南教育出版社和湖南人民出版社出版。

王建立老师以自己的写作为例，为大家详细地讲解了教育故事和论文写作的策略与方法。他分享道，写教育故事需要有教育情怀，要有自己的研究，要用心去思考，最后整理成文章。其中需要做好两点：一是做一个有心人，二是学会倾听。

王老师首先跟我们讲述了自己与教研的那些故事，具体通过四个小故事让我们领会了他的教研历程：一尝教研的甜味，二尝教研的酸味，三尝教研的苦味，四尝教研的自豪。通过他的亲身经历，我们明白了教育研究是一个长久而苦闷的过程，只有耐得住寂寞，吃得了苦，才能研究出成果。随后，王建立老师以他的9篇文章为范本，向我们详细地讲解了教育叙事和教育论文的写作策略与方法。他把文章写作分为三个基本步骤，分别是谋篇、布局、行文。王老师的9篇文章，内容多样，有写教育故事的，有分享教学经验的，有对教育的研究，有对教育的反思，等等。每一篇文章都融合了他对文章写作的思考，其背后都蕴含了一个重要的写作方法。例如，王建立老师撰写的《语文课堂提问的技巧》一文中，以大问题带小问题的论述就体现了"开口要小"的技巧；《多棱，折射，凝聚——意识流在语文教学中的运用》一文中，王老师抓住了"意识流"这一名词的新颖，立意而作，这向我们充分说明了写作的"观点要新"；据王老师讲述，《公立学校学习杜郎口需要思考的几个问题》这一篇文章是基于当时他们对杜郎口学校的调研考察而写的，我们从文中可见作者的睿智，他很敏锐地抓住了时事热点问题，让我们明白了论文写作的"题材要热"。除此之外，还有"综合要强、做法要实、挖掘要深、见解要奇、辐射要广、指向要明"的策略与方法，我们这些聆听的老师都收获了一笔大大的"干货"。

最后，王建立老师给大家分享了四句话：爱，才有动力（爱课堂，爱教研）；读，才有启迪（读万卷书，行万里路）；干，才有地位（有为才有位）；写，才有影响（酒香也怕巷子深）。这四句话明确了我们今后努力的方向，给我们的教育研究留下了长久的思考。

通过本次的活动，大家对于怎么写好教育故事、论文有了进一步的认识，同时也懂得了"写"对于一位教育研究者的重要性。

腹有诗书气自华，王老师在讲座中引经据典，诗文信手拈来，让我们着实领略了一位教育专家的气质。通过此次活动专家的传经送宝，相信我们青年教师们经过不懈努力、勤学苦练、潜心研究，他日一定能写出更加优秀的文章。

上好一堂课

课堂是教师的舞台，是学校工作的主阵地，目前乡村教师两极分化严重，年轻教师很多，如何让年轻教师站稳讲台，是乡村青年教师俱乐部的主要任务。我们通过专家引领，帮助青年教师深化课程理论。理论是指导实践的重要基础。名师"示范"，帮助青年教师"上好课"；"微格"教研，提升青年教师课堂领导力；教学比武，为青年教师上好每一堂课搭建平台。

一、 名师示范， 让青年教师上好课有标杆

2018 年 4 月 10 日上午，乡村青年教师俱乐部第十四次活动迎来了湖南大学教科院副院长、博士生导师姚利民教授，他深入茶陵县舲舫中心小学，为乡村教师专业成长做了精彩的学术报告和课堂教学指导。此外，长沙市小学科学首席名师洪霞老师与孩子们一起分享了一节好玩的科学课。湖南大学校外研究生导师、株洲市教科院副院长丁文平全程参与，并指导乡村教研水平提升项目落地舲舫中心小学。

洪霞老师带来的是小学五年级的科学课"运动与力"，非常有趣。她首先拿出来一只气球，对学生们说："今天咱们一起来玩气球。"学生们一下就被吸引了，玩气球还不简单！当各小组组长从洪老师那里领回装着气球的信封，小组成员们都迫不及待地开始了自己的玩法。有吹起气球再放出去的，有吹好气球扎紧口子拍起来玩的，一时间教室里好不热闹。洪老师用玩气球的方式，引导学生们描述气球被放气时的运动轨迹。接着，她说她能够让气球变得"听话"，学生们的注意力便一下子被洪老师引导到实验上来。洪老师利用气流让气球真的乖乖沿着丝线左右运动、上下运动，继而推导出科学的概念——反冲力。

之后，洪老师给学生们讲了明朝人探索利用反冲力"飞天"的故事，还给学生们展示了我们中国研发出来的长征家族火箭，肯定了我们中国的科技实力。接着又拿出了实验材料——气球、小车、喷嘴，让各小组动脑筋设计一辆"气球小车"，并且要让它在课桌上跑起来。学生们立即投入到了热烈的讨论和动手实践中。

不一会儿，各小组制作的"气球小车"陆续成功试跑。洪老师又给出了更大的挑战，小组商量改进小车，全班进行比赛。就这样，同学们和教室里听课的老师们都加入到了这次比赛中来。大家为每一辆参赛的小车加油鼓劲！各小组也不断改进自己的"小车"，有的组说气球要吹大点才能跑得远，有的组说要让小车跑的方向是直线才能跑得更远。每当看到有跑得更远的小车，学生和老师们都欢呼喝彩！

师生应该一起"玩"科学。低年级的孩子喜欢玩游戏，如果能够利用合适的游戏传授学生们科学知识，那么就达到了我们追求的"寓教于乐"的目标。洪老师说，农村很广阔，有许多可以利用的大自然材料来开展科学课。这次课程激发了学生们对科学这门学科的极大兴趣，说不定将来他们真的能够走上科研道路。

最后湖南大学教授姚利民老师从心理学的角度，围绕"课堂""教师""学生"三个关键词，为我们讲述了一些他的研究观点。姚教授强调，老师一定要尊重和体谅学生，学会心理学中的"移情"理论，以学生的思维、情感去看待问题，因为情绪与认知是紧密相连的。如果学生的情绪被我们调动得好、照顾得好，那么课堂效果就会大大提高。只有学生相信老师说的，愿意亲近老师，他们才会将老师所教的内容听进去。

二、 开展深度教研， 让青年教师上好课有保障

实现让乡村孩子享受城市教育的目标，必须建立一支有高水平的教师队伍。为了进一步提高教师的专业素养，夯实教师驾驭课堂教学的基本功，帮助青年教师快速成长，舲舫中心小学2018年下学期，围绕阅读教学，采用深度教育的方式暨"学—教—研—用"四环节，开展了一系列有深度的教研活动。在教研内容确定后，我推荐了关于阅读教学的论文和视频供青年教师学习。

视导阅读教学摸清家底。9月27日上午，株洲市教科院视导组在教科院副院长帅晓梅老师的带领下莅临我校视导教学工作。帅晓梅老师随机听了三堂语文阅读教学课后，开始研讨。在研讨

中，帅晓梅老师首先肯定了三位上课老师专注认真的教学态度，然后对三位教师的课堂进行深度解剖，结合老师们的教学，帅老师发现问题，逐一进行分析。她以此为契机，围绕"部编版新教材阅读教学教什么"的主题依次提出具体的可行的实施办法。针对低年级段教学提出要把握三个重点：一是识字写字教学，二是朗读，三是语言的积累和运用。针对中高年级学段给出教学建议：一要关注单元的语文要素的重要地位，要有单元的整体意识；二要了解作者，链接写作背景进行教学；三要注重习惯培养，尽快建立课堂教学常规。

专家讲座抓住阅读教学方向。9月27日下午，帅晓梅老师就阅读教学，做了"双轨并行，提升学生语文素养"的专题讲座。对于阅读教学，帅老师先跟我们提出了一个词——"语用"（语文课程应致力于培养语言文字应用能力），点出在阅读教学时要紧扣语文要素，落实单元共性目标，挖掘课文语用点，落实个性目标。她以四年级上册的《观潮》为例，告诉我们如何去紧扣语文要素，展开阅读教学。

朗诵培训打好阅读教学基础。10月10日晚上，舣舫中心小学请来市语文学科带头人、普通话测试员陈娟老师为全体教师进行朗读教学技能指导。陈老师从最基本的普通话的声调和音变入手，让青年教师们掌握最基本的、最正确的发音。再从搭配变化、"一""不"的变调、轻声、儿化音、"啊"的变读、朗读的技巧方法等进行指导。此次指导给老师们的朗诵开启了一扇门，老师们将所学知识与技能运用到课堂实践中，学生们也能受到熏陶和感染，

教师编

爱上阅读。

教学比武践行阅读教学。10 月 10 日至 11 日，舲舫中心小学进行了为期两天的"将军杯"语文阅读教学比武。此次语文阅读教学比武，共有 7 名教师参赛。每位参赛教师都做了充分的准备，备课标、备教材、备学生。以全新的教学理念、精心的教学设计、良好的师生互动构建出了自主高效课堂。在评课环节中，参与教研的老师们都能各抒己见，对课堂上做得好的地方提出肯定，对教学中的不足之处给予良好的教学建议或集体讨论改进教学方法。"这是我们一次学习和成长的机会，只有通过不断的磨砺，才能让自己快速地成长起来。我鼓励参赛选手，多从自己的课堂当中寻找缺点和不足，并正视这些缺点与不足，努力改进自身，争取把课上得一次比一次好。"对于青年教师我一再叮嘱。

个案解析提升阅读教学水平。10 月 15 日，舲舫中心小学再一次深入开展了语文阅读教学研讨活动。此次活动邀请了茶陵县教研室副主任沈国荣来我校指导工作。先由刘小丽老师为舲舫乡全体语文教师带来了一堂精彩的课"最后一头战象"。接着，沈主任针对阅读教学"教什么，学什么；怎么教，怎么学"进行主题研讨。此次主题研讨活动由我主持："看似多样化的教研活动，其实主题都是围绕'阅读'教学，一系列活动都是对'阅读教学'教学实践层层深入，我们要进行一个立体阅读教学的研究，做有深度、有梯度的教研。"

沈主任充分肯定了舲舫中心小学在市教科院教学视导后的一系列教学研讨的落实，也充分肯定了学校对青年教师成长的付出，看到了在短短半个月内舲舫中心小学青年教师通过研课磨课所取得的成绩。沈主任指出，"阅读教学作为语文教学的重要板块，一定不能只注重内容分析，要由以前的教课文转换到教语文，合理解决'教什么，学什么；怎么教，怎么学'的问题。"沈主任针对阅读教学提出了三点精妙的建议：一是语文要注重工具性和人文性的统一；二是在体会情感表达的时候可以将一些关键词场景化，想尽一切办法帮助理解关键词语；三是将表达和体会情感连在一起，以表达为主线，通过情感的表达体会作者精湛的写作手法。

在实践中提升，再到实践中运用。从常规到学习，从实践到研讨，从研讨到研究，通过一系列的教研活动，实现教研主题有深度、教研形式有梯度、教研能力有提升。教师只有不断更新教育理念，不断优化教学过程，才能更好地教授乡村孩子。

三、 围绕单元主题， 让青年教师上好课有方向

舲舫中心小学是湖南省道德与法治网络名师工作室基地，也是株洲市道德与法治名师工作室的基地，新教材的使用是挑战更加是机会。为了进一步提高乡村青年教师道德与法治课堂的教学水平，促使教师们能进一步准确把握和运用新课程概念，提高驾驭课堂的能力，改进课堂教学方式，促进教师专业水平的提高，全面提升我校的教育教学水平，2018 年 11 月 9 日，我校道德与法治学科组开展了"温馨的家庭"主题教研活动。

本单元一共分为三课，分别是"父母多爱我""爸爸妈妈在我心

中""家的记忆"。活动中，执教教师们带着饱满的工作热情，用青春和激情给我们展示了他们扎实的基本功、多彩的课堂、多样的教学方式以及他们对教育事业孜孜不倦的追求精神。

秦惠娟老师在讲授三年级上册第四单元"父母多爱我"一课时，熟练掌握教材，将教材内容与学生生活紧密结合，让学生慢慢理解父母对自己的爱，还以"爱的小法官"开展小组辩论，引导学生发现父母对自己的关心与爱并学会理解父母的爱。

谭彭坤老师在执教三年级上册第四单元"爸爸妈妈在我心中"一课时，教学过程环环相扣，谭老师首先让学生为父母写档案卡，然后通过观看《爱的小视频》引出孩子对父母的思念，又以《杨敏的日记》和《爱的味道》两个小故事让学生学习向父母表达爱的方式，最后通过如何帮父母改掉不好的习惯，一步一步引导学生学会关爱父母。

青年教师们一边专注地听课，一边快速地做着记录。课后，参加本次教研活动的领导及老师结合本次教研主题对这两节课进行了深入研讨与交流。茶陵县道德与法治学科带头人付小波老师，对两位老师的课进行了深入点评，从道德与法治课的生活性和活动性两点，结合他们的课堂实际表现进行点评，让青年教师受益匪浅。

随后，我通过分析前面两位老师的课，探讨了如何上好本单元中第三课"家的记忆"。在这堂课的授课中，我们可以从过去的某些场景去体会家的温暖；也可以抓住"家"字从古至今的演变来理解家的含义；还可以从中国的传统节日中去感受家的含义，让学生找一找节日里的家。从家到国，再从国到家；从对课程理论认知层面到教学具体实施方法上，我都给各位老师进行了讲解。道德与法治这门课程一定要源于生活，贴近学生的生活，不能脱离学生的生活；教学过程中必须要有活动，以活动为载体；在授课过程中必须要有法治意识的渗透。总之，一定要把握新课程的性质，实施有效的教学。

这次教研效果很好，在之后的赛课中谭彭坤老师的"爸爸妈妈在我心中"获得了株洲市一等奖；秦惠娟老师的"父母多爱我"获得了株洲市一等奖、全国特等奖；我执教的"家的记忆"获得了教育部优课奖、全国特等奖。教学研究是教师永恒的职业方式，为了使广大学生得到全面发展，我们会不懈追求，通过各类教研活动提高自己的专业水平，让乡村孩子享受到更好的教育。

教师编

开发一门校本课程

　　校本课程是学校特色的重要体现，校本教材是校本课程的重要支柱。教育部一再声明，严格控制校本教材的编写，这让我一度陷入困顿。教材确实不能随便编写，国家应该严格控制，但是如果课程资源可以传承当地文化，我想还是可以尝试，只是不再出版而已。其实对于我们一个乡村学校，如果不是借助省道德与法治名师工作室的支持，那么是很难编写出教材的，出版谈何容易。

　　我们舡舫乡原名是苏红乡，是全县有名的将军之乡，在这片红色的土地上培育了中将谭家述，少将谭善和、李俭珠、周则盛，革命家谭余保、尹宁万等。为了传承将军文化，我们决定编写"将军故里　红色摇篮"的课程资源。我把青年教师分成了六组，每个组负责收集整理一位上述英雄人物的故事，蒋军生主任负责把好知识关和历史关。好在有我们的杰出校友蒋洪生的支持，他帮我们在国家图书馆拷贝了关于舡舫将军的档案，档案内存达 1.5 GB，为我们课程资源的开发奠定了坚实的基础。随后，我们邀请了将军的后代，对我们的初稿提出修改意见。数次修改后，我校的"红色校园"文化建设研究课题组经过两年多的实践探索与研究，开发了一本校本课程，教材每个章节相对独立，但又相互关联，凸显"红色"元素，让学生忆"红色"，学"红色"，当"红色"。以"红线"贯穿，形成一个有机的课程体系。

"红色舲舫，善行人生"红善课程，突出德育实效。舲舫是一块红色土地，是革命的摇篮。为了继承与发扬革命先辈们敢为人先、勇于追求、乐于奉献的大无畏爱国精神，学校开发了该课程。该课程分六步走。一是编写好教材，2017 年 10 月，舲舫中心小学成立了校本教材编委会，历时近一年的调研、编写与修订，教材试用版已正式印刷使用，学校四至六年级的学生人手一册。二是定好上课的教师，语文老师利用每周的乡土课，讲授这本校本教材，传承将军们的品质，弘扬将军们的精神。三是开展实践活动，践行将军精神。校本教材出版时，学校邀请了舲舫乡党政领导和各村书记，举行了首发式，并开展了座谈会。接着，我们开展了"走将军之路，扬将军精神"的徒步游学将军故居的活动。四是以将军的名字编好班级，为孩子们树立榜样，以此来提醒孩子们努力学习，时刻准备着，做社会主义的建设者和接班人。五是培养将军文化解说员，通过一段时间的学习，学校举行了解说员的比赛活动，经过选拔，让孩子们成为将军文化传承的使者。六是定期开展评价，落实教育效果。每个学期通过评选"十佳将军精神传承者""十佳将军文化解说员"等，促进学生的德育提升。

"滴水石穿，每天一练"书法课程，传承优秀文化。书法是中华民族的文化瑰宝，也是人类文明的宝贵财富。进行书法教育是培养学生书法基本技能，提高学生汉字书写能力，传承中华民族优秀文化的重要举措。为此，我们主要从三个方面着手进行书法教学。一是设立专职的书法教师。学校目前有专职书法教师一名，而乡村用毛笔写对联的能人很多，因此我们邀请了当地五名兼职的软笔书法教师，为书法教学提供师资保障。二是开设专门的书法课。每周各班开设一节书法课，每天下午第一节课前设有 15 分钟的书法时间，每天坚持练字 15 分钟，培养学生学习书法的兴趣，为书法教学提供时间保障。三是落实评价，设立专门的展示平台。在教室走廊设有书法长廊展示墙，每月更换一次学生的优秀书法作品，开阔学生视野，提升书法修养，让学生的书法能够落实评价，从而进一步促进书法教学。

"水润无声，主题班会"课程，培养"四个学会"。每个学校都有自己的班会课，如何将班会课高效化，就需要管理人员的智慧。主题班会可以用来澄清是非、提高认识、开展教育，促进学生的成长，帮助树立正确的人生观。主题班会是德育课程里面的一个重要组成部分，为此我们学校高度重视。一是班会内容序列化，我校根据联合国 21 世纪教育委员会提出的 21 世纪教育四大支柱——"学会求知、学会做事、学会共处、学会做人"的理念，共设计主题班会 108 个。二是确定班会时间，每周一下午开设一节班会课，学校为班主任提供集体教案，班主任根据自己的情况，对教案进行调整。三是通过日常考核，评价班会课程的开设效果。我们的目的不是上班会课，而是通过班会课，让所有的孩子都能在行为规范上得到提升。

"依山傍水，石头说话"制作课程，增强美育熏陶。舲舫两水夹一湖，石头资源丰富。农村地方特色课程的开发，不缺资源，缺的是对课程资源的挖掘能力和创意水平。学校非常重视孩子们的全面发展与个性发展的统一。2017年下学期，茶陵县舲舫中心小学提出"让乡村孩子享受城市优质教育"的办学理念，采取国家课程、地方课程、校本课程相结合的原则，充分体现本校实际特点与学生实际发展需求，因地制宜，就地取材，开设了"石头说话"地方特色课程。学校组织学生用石头作画。地处河水交汇处的茶陵县舲舫乡，河道两岸鹅卵石遍布全境，扁平的、椭圆的、不规则形状的，大小不一，应有尽有。学校在取材风险、方案制定、创意设计等方面做了全面合理的评估后，着手开发了用石头绘画的课程。小学教育的核心是培养儿童的健康人格和良好的行为习惯，而不是只注重传授课本知识。我们要通过开发这样的地方课程，让学生发现自然美，创造艺术美，培养学生的心灵美。

"我是小小农夫"劳动课程，加强劳动教育。2017年，舲舫中心小学征地11 066平方米，建设学校劳动实践基地，结合当地实际情况，优化综合实践活动课程结构，确保劳动教育课时不少于实践活动课时的一半。学校要坚持学生劳动制度，积极开展校外劳动实践，每周组织学生参加校园劳动一节课的时间。劳动实践基地，划分成14个区域，每个班负责一个区域的劳动。同时，我们邀请了资深农耕家长，指导学校开展劳动。通过劳动获得的收入，全部划为班费，让每个孩子都享受到劳动的成果。其次，我们组织家长会议，要求家长给孩子安排力所能及的家务劳动，让孩子学会炒菜做饭，学会洗衣服等。

　　校本课程是国家课程的必要补充，是让学生个性化发展的关键。让学生快乐成长，我们还根据孩子的兴趣爱好、特长，为学生精心打造了 16 种社团。每周三下午第三节课开展社团活动，学生根据兴趣可以在科技、艺术、文学、运动等多方面进行选择，把爱好逐步变成特长。学生人人有社团，个个有活动，实现了全校性的全员参与，为乡村孩子的全面发展注入了新鲜活力。

写好一笔字

"我觉得罗老师的粉笔字写得太漂亮了，学生的作业写得也特别漂亮！"年轻的陈老师听完 57 岁罗周元老师的数学课后发出了感叹。是啊！在学校，我们有一批年纪大的教师字写得很好，但是刚刚入职的年轻教师的粉笔字却令人担忧。如果老师的字写得差，那么学生的字就会更加差。电脑字体库里雪君体的创始人，其实是舲舫中心小学的校友，写一笔好字，在舲舫是有良好传统的。面对现状，我积极调动学校内部资源，让年纪大的老师担任青年教师的书法教师。同时，为每个教师提供了一套字帖和书法用品，让青年教师和学生一起，在每天中午坚持 15 分钟的练习。

2018 年 9 月 19 日下午 6：30，舲舫中心小学青年教师成长俱乐部第十次活动在中心主校多媒体会议室如期举行。本次活动紧紧围绕青年教师成长方案"六个一"中写好一笔字的要求来展开。活动邀请到了本校尹招文老师来教授软笔书法的书写技巧。尹老师首先向大家讲解了软笔书法的笔画书写技巧，他边讲边在书法布上示范书写，点、撇、捺、横、竖……每个笔画在书写时应该注意什么，在哪里起笔，在哪里顿笔，又在哪里收笔，整个过程怎样运笔，他都进行了详细讲解。大家坐在台下聚精会神地听着，认真体会尹老师所讲的书写技巧，每个人都拿着毛笔，在书法布上面一笔一画地书写汉字的基本笔画。其间，我和谭政主任在活动现场巡回指导大家进行书写。学完了笔画，接着，尹老师向我们介绍了软笔书法汉字书写的 4 种间架结构规律：内敛外放，如"教"字；上收下放，如"美"字；左右照应，如"说"字；左右相依，如"部"字。尹老师说："软笔书法一是要注意笔画的起承转合，二是要注意汉字整体的间架结构，两者结合才能把字写得美观。"整个过程尹老师都是以讲带写，以写促讲，细心地向我们讲授他的软笔书写心得。尹老师还特意给大家下载了欧阳询的字体图片，精心制作成了PPT，里面有介绍书写的间架结构，在活动接近尾声时分享给了大家，供我们今后日常练习临摹。

这次活动针对性非常强，通过尹招文老师细致认真的讲授，所有青年教师都学有所感，学有所获，也认识到了自身的不足。我相信，这些宝贵的经验将督促我们今后不断学习，更进一步。不积跬步，无以至千里；不积小流，无以成江海。练好一笔字不是一朝一夕的事情，必须要平时多练习。为了确保青年教师写好一笔字，我们建立机制要求教师做到每日一练、每月一晒、每期一比。

省教育专家助力乡村教师成长

　　乡村青年教师的成长需要学校内部培养，也需要请进来的培训。对于乡村教育，其实很多有教育情怀的专家是乐于支持的。2018年3月16日，湖南省教科院小学道德与法治教研员左梦飞、湖南省电化教育馆资源部主任王子权两位风尘仆仆从湖南省会长沙赶到株洲茶陵县，支持舲舫中心小学2018年乡村青年教师成长俱乐部第十一次活动。来自攸县、茶陵县等18个乡镇小学近百名一线乡村教师参加了本次活动。

　　上午第一节课，由茶陵县舲舫中心小学青年教师秦惠娟为远道而来的老师们送上一堂精彩的道德与法治课——"我爱我的家人"。本堂课为当天两位省教育专家即时"课堂问诊"提供了样本与示例。

　　在接下来的3个小时里，湖南省教育科学研究院左梦飞主任以"提高课堂教学实效"为题，结合鲜活的课堂实例，从"了解动机，达成教学目标""联系生活，精选教学内容""转变角色，实现自主学习""追求真实，提高教学层次""营造民主氛围，实现共同成长"五个方面做深入浅出的讲解，引导青年教师提高课堂有效性。左梦飞主任作为湖南省小学道德与法治的著名研究员之一，是人民教育出版社小学道德与法治教材编写组的主要成员。他说："课堂有效性的追求，就像我们每个人追求幸福一样，每个老师都愿意自己的教学有效，也是教学改革追求的共同目标。"

当天下午两点，省电化教育馆王子权主任以全新的现代信息技术理念，将《零起点，做微课》呈现给大家。王主任从微课概念与组成、微课设计与制作、微课管理与应用、微课案例与评价四个方面做了详细讲解。连续 3 个小时的微课讲座，教师们兴致盎然，室内座无虚席。来自松江村级小学教学点的陈海伦老师道出了大家的心声："通过学习，我对微课设计与制作有了一个全新的认识，本次讲座颠覆了我对微课就是微视频的认知。现场录制微课方法简单、容易上手，激起了我极大的制作兴趣！"

为了较好落实乡村青年教师的培养计划，加快提高乡村青年教师的教育教学能力，促进乡村小学教育的发展，学校将持续开展"乡村青年教师成长俱乐部"活动，多邀请教育专家来为我们的乡村教师传经送宝。

株洲市教科院党员助力乡村教师成长

株洲市教科院院长王开和、书记曾立明、小教室主任数学教研员谭志俐等一行 12 名党员教师，来到茶陵县舲舫中心小学积极开展助力乡村青年教师成长的活动，近百名教师参加了此次活动。

2018 年 6 月 12 日，市教科院一行不畏雨天路滑，从 200 公里以外的株洲市区驱车赶往茶陵县舲舫中心小学。下午 2 点，市小学道德与法治、小学语文、小学数学、小学科学四科骨干教师径直走进了各个教室。骨干教师们没来得及与学生交流与沟通，上课铃声就已经响起。市骨干教师杨琪带来的五年级科学《摆的研究》，采用实物投影作业方法，让乡村教师大开眼界。"乡村学校科学专业教师极度缺乏，开齐开足形同虚设。我们要逐步加大仪器配备力度，加强师资队伍建设，从小学开始着重培养学生的科学探索精神。"市科学教研员袁辉老师在交流与点评会上指出。

小学道德与法治示范课是由市骨干教师鄢朝主讲，主题为"小事不小"。课后，他与所对应的任科教师面对面地进行交流与探讨。"道德与法治课，一定要以活动来支撑，在情境中解决问题，对活动的要求也就更高。要注意培养人的交往、表达、倾听能力！"株洲市道德与法治教研员余民老师在课后点评时说道。

市骨干教师示范课过后，由我校教师主讲四堂常态课，课后由市学科专家一对一地进行课堂教学方法指导。参与数学点评的市小学数学教研员谭志俐老师是茶陵人，10年前，她是发起"XYZ"研修团（株洲数学民间研修团队）的成员之一。活动当天，在获悉当年"XYZ"核心成员"红色经典"还一直在舲舫中心小学任教时，她感到非常高兴。她说我们要共同为茶陵的教育事业贡献力量。

活动第三个环节，是由市教科院教育发展研究室、教育学会秘书处黄怀清老师主讲"行走在校本课题研究大道上"的课题研究讲座，他手把手地为我校课题"乡村小学青年教师成长的途径与策略研究"的撰写技巧提供技术指导，我校课题组成员都受益匪浅。

株洲市"乡村学校教研提升项目"——茶陵县舲舫中心小学项目点启动仪式在当天下午4点举行。舲舫中心小学有幸成为株洲市20所项目学校之一，3年内将实现教学质量、教师专业发展水平、教师课程开发能力的显著提升。在这3年里，市教科院将实施蹲点驻校、教学视导、送教下乡、课程开发、专业培训、课题研究、连片教研、专业服务等一系列举措，将舲舫中心小学打造成一所教研样板校，并将研究成果向周边学校辐射。启动仪式上，株洲市教科院向我校的青年教师捐赠教育研究类图书人手一册。市道德与法治教研员余民老师与我校的秦惠娟老师师徒结对，现场签订了"乡村教师教研水平提升"师徒结对的合同书。

下午4：30，"舲舫中心小学2018—2020年学校三年发展规划"座谈会在我校的小会议室举行。我从规划基础、办学思路、发展目标、主要任务与保障措施五大方面进行了详细解读。会上，株洲市教科院院长王开和就发展目标这一环节提出了建设性意见，他说："很赞同谭校长的规划，有想法、有作为、有情怀。不改传统，但要创新。我很赞同把阅览室变成孩子们最想去的地方，加强书法特色与科技教育同步发展。"市教科院书记曾立明在谈到学校文化的传承时说道："你们学校文化传承做得好，但，将军文化要扩大影响力。"

6月13日，市教科院党员一行马不停蹄来到舲舫乡洮水小学教学点开展活动。舲舫乡洮水村是李俭珠少将与苏维埃政府主席谭余保的故里。首先，该校《将军文化》校本教材编写负责人主讲了"不忘革命历史，弘扬将军精神"的党课。随后瞻仰了长眠在八角寨下116位革命烈士的纪念碑，并参观了谭家述、谭余保等的故居。市教科院党员教师在返程的路上说道，"党课讲得好，我们很有触动！""我们要把革命先烈的英雄主义精神世世代代传承下去，我们有责任、有义务从小培养学生的爱国热情，要让学生从小把将军与先烈作为偶像来崇拜！"

市教培中心助力乡村青年教师成长

2018 年 7 月 17 日，株洲市教师培训中心姜野军主任一行冒着酷暑，顶着烈日，不辞辛苦来到茶陵县舲舫中心小学，具体了解小学道德与法治名师工作室开展乡村青年教师成长俱乐部的基本情况，为乡村青年教师成长俱乐部的发展提出了宝贵建议。

姜野军主任认真查看了我校乡村青年教师成长俱乐部项目的材料。我向其介绍道："目前，我校青年教师队伍还是比较庞大，建设好这一支能够支撑乡村教育持续发展下去的教师队伍，我们要让乡村青年教师快速实现专业成长，让我们的乡村孩子也能享受优质的教育服务。要让教师的专业素养快速提升就要有机会、有平台，而乡村青年教师俱乐部就是一个非常好的平台。"姜主任对乡村青年教师成长俱乐部表示了高度的认可，并对俱乐部的进一步发展提出了三条宝贵建议：第一，乡村青年教师俱乐部的成立有意义、有创新，在实践中创造出了青年教师培养的典型经验、切实树立好了一个样板，值得大面积推广，让更多的乡村青年教师受惠；第二，青年教师一定要扎扎实实去读点书、扎扎实实做好课堂教学、扎扎实实做好研究，一定要写点东西出来；第三，报刊、微信、教师网络学院、阅读征文等各种渠道为青年教师的发展提供了良好的平台，还有"国培计划""四名两基地"等项目，为青年教师的课堂素养提升、专项提升也提供了机会，青年教师要好好把握这些机会。

茶陵县教育局师训股刘正常副股长认为，乡村青年教师成长俱乐部中的"六个一"特色值得推广，这一俱乐部对乡村青年教师成长具有非常重要的作用，今后要承担茶陵县新进教师培训的重任。他指出："青年教师只有多研课、磨课才能看见效果。"同时，他也表示乡村教师的培训机会较少，应加强县内培训，刚刚入职的青年教师培训需求量仍很大。

参加会议的还有市教培中心名师科科长程检红，程科长指出小学道德与法治名师工作室，为青年教师培训开辟了一条新路子，舲舫中心小学的老师是幸福的，希望青年教师要珍惜，工作室在学校开展的培训活动都是市一级的培训，同时也希望工作室发挥最大的辐射作用，服务更多的乡村青年教师；市教培中心开办的教师导报，是一份我们教师自己的报纸，希望广大青年教师踊跃投稿，展示自己。

市资源建设与发展研究科程春喜科长，在会中提出市级培训更多的要以网络学院的形式产生，而名师工作室有着很好的带头引领作用，带领乡村青年教师去网络学院建课、学课、评课，留下了自己的精彩。网络学习，应该更加受到青年教师欢迎，欢迎乡村青年教师积极行动，成为网络学院的骨干成员。

本次会议，俱乐部的两名青年教师作为代表进行了发言。他们谈了自己工作中的困惑及体会，也简要阐述了乡村青年教师成长俱乐部对自己的专业成长的作用。

此次活动，为乡村青年教师成长俱乐部的进一步发展指明了方向，也为青年教师的成长提供了很好的建议。我们相信在这种氛围中，我们的乡村青年教师俱乐部一定会越办越好，我们的乡村青年教师也一定会越来越优秀。

市据点教研员助力乡村青年教师俱乐部

2018 年 11 月 12 日下午，株洲市教科院丁文平副院长、市道德与法治学科教研员余民主任莅临茶陵县龄舫中心小学指导乡村青年教师成长俱乐部工作。

首先，我以"让乡村孩子享受城市教育"为主题，向市领导就学校一年来德育、教学、基础设施、书香校园建设、乡村青年教师成长等几个方面的工作做了全面的总结与汇报。

在听取工作汇报和查阅学校近年来青年教师成长俱乐部资料、学校教研资料、学校自主编写的校本教材后，余民主任说道："过去这个学校很落后，通过一年多的努力，这个学校的变化很大，特别是在青年教师专业成长方面做到了系统化、有特色。"丁文平副院长高度肯定了龄舫中心小学所做的工作，他称赞每项工作都很扎实、很用心。看到了龄舫管理团队的齐心协力，看到了乡村教师的进步。他认为，做好乡村教育是一项使命，坚持乡村教育，只有坚持才会有效果，学校和教师要更多地关注残疾、留守、困难、心理障碍的学生，让这些学生感受到学校与教师的爱。

下午三点半，丁文平副院长与龄舫中心小学乡村教师成长俱乐部的 9 名教师代表进行了座谈。丁文平副院长就乡村青年教师专业成长的最大瓶颈和在乡村小学工作期间最大的收获，进行了广泛深入地交流。教师代表们畅所欲言，献计献策，整个交流会场气氛热烈。丁院长给青年教师提了几点建议：一是每个教师要尽自己所能去因材施教，寻找适合本班学生教育的教学方式；二是希望乡村教师在乡村学校，保障孩子接受最基本的教育，养成良好的行为习惯，明确教育不单单是为了培育个别优秀人才，更多的是要去面向全体学生，培养合格的公民；三是作为教师，要拉近与孩子的距离，亲密、稳定、和谐的师生关系是教育的内在需要，教师要关爱学生，更多地关注困难学生，让更多的学生感受到爱；四是作为教师，要正确认识读书的意义，品味读书的幸福，领略人生的快乐，要从被动读书的桎梏中解放出来，由浅入深，培养良好的阅读兴趣，养成良好的学习习惯，把读书求知变成我们的内在需求。参加此次座谈的教师代表们纷纷表示，通过专家点拨，自己所教学科中存在的问题与困惑都已云开雾散；专家们的金玉良言，让自己受益匪浅，对提升自己教育教学水平大有帮助。

晚上六点，丁文平副院长和余民主任受邀参加了舲舫中心小学本学期乡村青年教师俱乐部的第六次活动。本次活动的主题是由 5 名教师做读书报告及教育叙事分享。丁院长和余主任对每位青年教师的发言都进行了一一点评。市教科院丁文平副院长对舲舫中心小学的乡村青年教师俱乐部活动给予了高度评价。认为学校和各位教师真正把育人摆在首位，在青年教师的发言中他感受到了教师对学生的爱心、对教育的上进心、对工作的耐心。他表示，教育的过程是很漫长的，我们需要静待花开，他对舲舫中心小学的教育工作寄予厚望，希望以后还有更多的机会参与这样的活动，也期盼舲舫中心小学的教育能越办越好。

最后，学校对各位领导来校进行调研和指导工作表示了衷心的感谢。希望上级领导能够为乡村学校教育教学水平的提高提供持续性的帮助，并表示将根据领导专家提出的建议不断完善教育教学工作，并继续做好乡村青年教师俱乐部工作。

教
师
编

县教育专家助力乡村青年教师俱乐部

2019 年 2 月 27 日，舲舫中心小学乡村青年教师俱乐部第三十次活动于下午 6：30 准时进行。本次活动的主题是读刘良华教授的文章《我心中的理想学校》，围绕科学、民主、和谐三个方面谈感受。当晚活动邀请了原茶陵县教育局副局长、茶陵一中校长王勇，教研室主任肖文担任点评、总结嘉宾。湖口中心小学 5 名年轻教师也特地赶来参加了此次活动。

我介绍本次活动流程、内容及特邀嘉宾。接着，5 位乡村青年教师俱乐部的教师代表进行发言。向斌斌老师认为科学的含义太广泛，而我们教师重视的应是人文科学，用他数学的观点来讲就是：求知和求证的态度。民主就体现在学校领导对教师的体谅，每学期都对学生进行民意调查，了解学生对老师上课和师生关系的感受。陈海伦老师围绕"科学"这一关键词谈道：要把教育学和教育心理学当作一门科学来研究，运用信息技术对学生进行"赏识教育"，将学生的作业情况用授课助手展示出来，既能够表扬做得好的作业，也能够把不足之处点出来进行纠正。谭素老师围绕"和谐"这个关键词从人际关系和心理和谐两方面来谈，列举了班级里男女生之间关系"剑拔弩张"的情况。为了缓和他们的关系，形成合作互助的氛围，她采取了班会课互相写对方优缺点的办法，让学生学会欣赏彼此，并且在日常生活里"见缝插针式"夸奖男生或女生：女生口渴了，是男生任劳任怨地搬水；男生感冒了，是女生为他们泡药、做笔记；等等。秦惠娟老师围绕"民主"关键词谈道教师和学生应该互相尊重，在课堂教学时要提倡民主，例如她在音乐课上教授音阶时，会让学生参与游戏，激发学习兴趣，达到教学目标。刘颖君老师认为"和谐"的师生关系离不开情感教育，要尊重学生的身心发展规律，以人为本，多进行心灵的沟通，用心灵唤醒心灵。湖口中心小学的肖老师从经济学的角度谈到马斯洛的需求金字塔，他认为理想的学校需要经济基础来完善基础设施；又结合学校实际情况提到"5+2"模式，他觉得乡村学校很多孩子缺乏与父母的互动，留守儿童的精神层面主要靠老师与他们平等的交流、良好的沟通、互相的尊重来获得充实。

教研室主任肖文听完青年教师们的发言后谈道，年轻教师们把《我心中的理想学校》这篇文章看进去了，并且思考了，有自己独到的见解。从这个过程中我们发现乡村青年教师俱乐部对教师的成长有非常的意义。舲舫中心小学主张"让乡村孩子享受城市教育"的想法主要靠教师完成，老师们应该保持一颗童心，把我们的情感融入学生的心灵世界。

王勇校长对青年教师说了很多自己的思考，他认为"让乡村孩子享受城市教育"的目标不能一蹴而就，教育不能失去本真，而应该"清水出芙蓉，天然去雕饰"，教育应该化繁为简，让学生形成一种稳定的心理品质才是做教育最大的成就。青年教师要多读书，学校生活的意义在于传承文化，传播真理；知识要活化、联系生活，知识有活力的外在体现就是"有用"；要做到学习至上、性情至真、生活至纯；应该要有家国情怀、社会关怀、世界胸怀；能够关注学生、帮助家长，能借鉴先进、推陈出新。

我们把"让乡村孩子享受城市教育"当作目标和美好愿景，并依据这个愿景来打造我们理想的学校。

聚是一团火，散是满天星

"培养这么多人，都留下来了吗？""没有。""那你这么用心培养这些年轻教师，而他们却没有留下来，你后悔吗？"这是经常被问到的问题。说实话，我曾有片刻的后悔，但只是片刻，我的内心依旧是无怨无悔，从世纪星实验学校开始的青年教师论坛，到舻舫中心小学的乡村青年教师俱乐部，培养的青年教师不下100人，其中市级学科带头人3个，国家级赛课获奖不下20人，省级赛课获奖不少于30人，县市级赛课获奖不少于30人。

刚刚到世纪星学校，这是一所民办学校，教师有两大特点：年轻和流动性大。为了尽快让青年教师快速成长，我和我的团队，在世纪星理事会的大力支持下，进行了6年的探索，逐渐形成了一套青年教师培养体系。那时候青年教师越是优秀，越是流动快，这种矛盾曾经让我无数个夜晚难以成眠。坦诚地说，刚刚开始对于他们的离开我心中是有很多的不甘，日子久了，也慢慢地接受了。真正能够让我坦然接受离开的是我的挚友欧阳兰桂，我36岁走上全国赛课的舞台，所以一直要求我的几位挚友也要赛课，他们也确实非常优秀，欧阳兰桂、刘育康获得数学现场赛课省一等奖，付小波获得道德与法治现场赛课一等奖。而欧阳兰桂的离开，是因为他的一堂数学课，那个时候他获得"铁犀杯"教学比武第一名的成绩，代表茶陵到株洲市赛课，我陪他到株洲市何家坳小学试教，谁知道被他们学校听课的书记看中，第二天赛课，何家坳学校的书记和校长到现场听他的课，听完后，他们找到我，问我要是他们引进欧阳兰桂到株洲市去，我愿意吗。情感战胜了一切，我毫不犹豫地同意了他们的引进。事情就是这样的顺利，他们夫妻俩都去了株洲市芦淞区。当欧阳兰桂把事情告诉他爸爸的时候，他爸爸还一再告诫他，世界上没有这么好的事情，要他当心上当受骗。从那以后，对于教师的离开，我更多的是理解，因为每个人的离开有千万种理由，当我收的第一个徒弟肖婷离开并前往广州一所有名的学校教书时，我更多的是祝福，肖婷不仅仅获得了省赛课一等奖，还在当年教师考编中，创造了一个笔试倒数第一名，面试顺数第一名，最终考入编制的神话。三年后，当我和我的家人一起去广州看她的时候，我更加深切地体会到了师徒间的聚有情散有义。现在她已经成为那所名校的高级管理人员。让我刻骨铭心的一次是谢石涛的离开，他是一个宁乡的小伙子，还记得他2011 年第一次来茶陵时，他还是一个"三无"人员，没有任何教书经验，他从体育老师转型成数学老师，用三年的时间从一个菜鸟到获得全国数学说课比赛一等奖，用了两年时间从一个寝室管理人员到政教处主管，他的成长确实让我很有成就感。往往你越用心培养的人离开，越会心痛。2015 年离开的时候，他有妻子、孩子、车子，成了一个典型的"三有"富裕户，而他的离开让我久久不能平静，我再三告诫自己，培养一个人不能用情太深。其实离别的痛只是短暂的，天下本来就没有不散的筵席，合久必分，分久必合。尤其，当我看到他现在已拥有了几所培训学校，生活过得很好的时候，我感受到的是满满的幸福。

来到舲舫，我一再坚持我对青年教师的培养，虽然他们也有可能离开，但是我坚信"聚是一团火，散是满天星"。看着他们进步，看着他们在成长中不断为学校做出贡献，我心中都是满满的成就感。让我们一起看看新一代乡村教师成长的心路历程：

（一）

谭彭坤，女，1995 年出生，2016 年毕业于湖南第一师范学院，小学教育专业，从教四年。现任株洲市茶陵县舲舫中心小学数学教师兼副校长，株洲市小学数学"种子教师"成员。2017 年荣获"株洲市优秀少先队辅导员"称号；2018 年、2019 年均获县政府"年度嘉奖"；多次获校"教学小能手""优秀教师"称号；参加全国读讲精练数学现场赛课获特等奖；参加市优秀骨干教师教学比武获市一等奖；参加县教学比武多次获县二等奖；参加校数学"将军杯"赛课多次获第一名；录像课获"全国名师工作室成果创新"一等奖；多篇读书征文及论文获全国特等奖、省二等奖、市一等奖；《亿以内数的认识》课件，获湖南省首届信息化作品征集三等奖；撰写的数学磨课案例及教学设计获株洲市一等奖；参与株洲市"十三五"规划 2018 年度重点课题——"乡村小学青年教师成长的途径与策略研究"。论文代表作有《教育惩罚的智慧》《农村小学中年级家庭作业布置中存在的问题》《与顽童打交道》《农村小学低年级数学》等。

要做人民的先生，先做人民的学生

◇ 谭彭坤

2012 年，我高中毕业。在填志愿时，纠结于填本科二批志愿会计专业还是选择提前批小学教育专业。我的爸爸、爷爷、外公都是老师，家族当中很多亲戚都是老师，可以算是书香门第。最后，在亲戚的建议下，我填了湖南第一师范的小学教育专业，因为是提前批，所以录取通知书也很快下来了。在大学里，完成学业之余我还加入了学生会和各种社团去开阔自己的视野、提高自己的能力，也拿到过学校的奖学金。2012 级的小学教育专业，开设的科目很多但是课时量明显不足，毕业后总感觉对各类学科略知皮毛，没有专长。我们学校的校训是"要做人民的先生，先做人民的学生"。2015 年下期作为实习队队长，我被分配到茶陵县很有特色的解放学校实习，这也是我的母校。学校给我安排了一位指导老师——谭芳老师，她是一个资深的数学教师兼二年级组长。刚开始的几个礼拜，每天我都会担任小跑腿，到二年级的各班发放资料，做好信息的上传下达，批改两个班的课堂作业、口算题卡和学法大视野等。我也很佩服谭芳老师的敬业精神，事事亲力亲为，家庭作业也坚持每日批改并及时反馈。可能是看我工作挺认真负责吧，谭芳老师主动提出让我接手她其中一个班的数学教学任务。大学的暑假里我做过家教也当过助教，所以上讲台对我来说并没有那么可怕。在和班主任了解班上学生情况后，我上起课来觉得得心应手。我的搭班老师是美丽又善良的刘美玲老师，这个班的学生年龄普遍偏小，是增补的班级，她很用心地管理着班级，塑造着特色的班级文化。一个学期的实习时光让我明白了做教师比常人要多两颗心——爱心和耐心，只有这样我们才能把孩子教好，把学生教好。二年级的学生很天真，特别爱和老师亲近，他们会把你当作好朋友，愿意和你分享他的喜怒哀乐；他们也很淘气，很执拗，偶尔会做一些不合规矩的事情。这就需要我们以身作则，不断鼓励学生，让他们有所提升。

2016 年我正式毕业，按照大学综合成绩排名我选到了一个离县城最近的农村小学——枣市中心小学。在农村小学里，这个学校算规模很大的了，也有很多青年教师。刚入职，很不适应，你无法想象农村小学每天还有早晚自习，教师没有宿舍楼，而是住在教室里面的小杂屋，两栋教学楼没有一个卫生间，全校教师就一个沐浴室。四年级的学生就开始读寄宿，两人一床，冬天热水供应不足，夏天没有风扇，学生热得不行。教师和学生的住宿条件都急需改善，好在有国家营养餐计划，学生和老师吃得倒还不错。

在枣市工作的两年里，我担任中高年级的数学学科教师兼学校少先队辅导员。然而，有一件事，让刚毕业走向工作岗位的我觉得触目惊心。一次，我无意间看到学生写的一篇作文，他在文中写过这样一句话："我很难受，每次犯错老师要让我跑圈跑到掉眼泪，打手板打到痛死，手都变成圆形呢！"第一眼看到时，我笑了，我觉得他很浮夸，怎么会把手打成圆形？再看一眼，便黯然神

教师编

伤了，他的话让我感受到了一个四年级学生对老师的恐惧，难道在学生眼中老师都像怪兽一样吗？洛克的《教育漫话》蕴含了丰富的教育智慧。教育惩罚是教育不可缺少的组成部分，其形式也是多种多样的，在教育过程中，我们应根据具体情况选择最佳方式，在教育实践中应不断探索教育惩罚的新模式，以使其更好地配合其他的教育方式，促进学生的身心健康发展。教育惩罚，不应使人们望而生畏，它应该成为一门艺术，更成为一种智慧。道德与法治学科里有很多的知识是不可量化的，也是无法检测的，这就更需要我们老师运用好新教材。我们需要摒弃那种认为法治教育就是讲法条、讲案例的观念，我们应该认识到法治教育的目的是传播法的理念、精神、价值，并使之贯穿于儿童日常的生活当中。

有人说领导给员工最大的福利就是培训学习。在枣市学习机会还是很多的，因为未婚的青年数学教师较少，所以我有很多机会外出参加数学、道德与法治、科学等学科的学习。一线老师要适应时代的变化，要适应时代的发展，就必须不停地更新自己的教育思想、教育理念和教育方法，重新审视自己的学生观，不断地反思自己的教育教学工作，只有这样，我们才能成为一位合格的人民教师。

在枣市工作的两年，学校宣传、德育、数学教研工作我都有参与，但是慢慢地我发现自己缺少一个引路人。我开始审视自己，去思考自己究竟想要成为一个怎样的教师？每天周旋于校委会的各种琐事，在表哥表姐中徘徊，无心教研真的好吗？怎样才能促进自身专业成长？唐渝林校长是一个很有想法的校长，狠抓学生养成教育，重视学生全面发展。当时，农村小学基本上只重视语数外三科，其他科目毫不受重视。唐校长决定在枣市小学培养各科骨干教师，让农村学生也可以全面发展。当时学校最缺的便是科学教师了，于是学校从教育局申请到一个去江浙地区系统学习科学一个月的名额。行政讨论后，学校最终把这个机会抛向了我，希望我可以转行成为一名科学教师。

在全县科学教师极度缺乏的情况下，加上这么好的学习机会，我想在科学教师队伍中成为骨干，就容易很多了。但是作为文科生的我，对科学这门学科并没有很大的兴趣，我的内心还是希望成为一名专业的数学教师。遵从内心的想法，我选择放弃了这次机会，同时我也找到了我一直在寻找的平台——乡村青年教师俱乐部。

能找到这个平台，要感谢强大的朋友圈。依稀记得是在2017年下半年，朋友圈时常会有乡村青年教师俱乐部的动态，陆陆续续我也关注过。起初觉得是学校日常的宣传报道，持续关注一年后，我发现舲舫中心小学的乡村青年教师俱乐部是专门为培养青年教师而成立的，旨在为乡村学校培养一批"留得住、教得好、有发展"的合格青年教师。俱乐部定于每周三开展活动，活动都非常有意义。

2018年的暑假，我做了一个在别人看来很稀奇古怪的决定：申请调入舲舫中心小学。比起枣市笔直的柏油路，舲舫的路那真的是山路十八弯了，交通极其不便。当时亲戚朋友都在劝我考入县城，或者继续在枣市发展，不要舍近求远去那么偏僻的学校。

我的妈妈极力反对我去舷舫，她希望我可以去县城教书，这样离家里近，不用吃那么多的苦头；我的爸爸比较尊重我的选择，帮我去打听了舷舫的乡村青年俱乐部以及舷舫中心小学的谭自云校长。打听的结果，很显然我的眼光是没有错的。舷舫中心小学的谭自云校长，是湖南省道德与法治网络名师工作室主持人、株洲市小学道德与法治名师工作室主持人、湖南省第二届乡村好校长、全国课堂教学比武一等奖获得者。他到舷舫中心小学担任校长，是为了培养更多更优秀的乡村青年教师，让乡村孩子也可以享受优质教育。乡村青年教师俱乐部，经常聘请学科带头人上示范课、聘请学科专家举办讲座，带领青年教师成长。于是，我向教育局提交了调动申请，也很幸运地成功调入了舷舫中心小学。

乡村青年教师俱乐部"六个一"打造学习共同体，即上好一堂公开课、读好一本教育专著、编好一套校本教材、练好一笔字、写好一篇论文、讲好一个教育故事。依托这个平台，我每学期都会上一堂公开课，大家会一起研讨课例，学校也会聘请市里的专家为我们评课促成长，课后我会写好磨课案例参与市里的磨课案例征评；每学期会坚持阅读一本教育专著并做好分享，也会将自己的读书心得写下来参加市里的读书征文活动；坚持每日练习硬笔和粉笔字；每年写一篇3000字以上的教育教学论文；每学期写一篇教育叙事。俱乐部的每一次活动，都是悉心筹备的，所以我们也能从中学到很多、收获很多，这可能也就是为什么工作四年不到的我，已经荣获国家级、市级、县级累计30多个荣誉证书的原因吧。

和优秀的人在一起久了，自己也会变优秀。我觉得这话很有道理，古有孟母三迁，环境真的很重要。当你身边的同事都在为梦想打拼的时候，你没有理由让自己偷懒。和他们在一起，我看到了一个更广阔的世界，每天耳濡目染，真的让我不得不每日三省吾身，不断提醒自己要更努力。感谢谭自云校长，感谢乡村青年教师俱乐部，让我走上了不断变优秀的道路。

以一己之力开启全市"农村数学教师种子计划"，说的就是谭志俐老师。为了响应乡村振兴政策，实现教育均衡发展，缩小城乡教育教学水平的差距，2018年，谭志俐老师在市教科院"乡村教研提升项目"的基础上，结合数学队伍的实际，策划了面向农村薄弱学校的"种子计划"，率领数学"XYZ"研修团的40位骨干教师为乡村教师的发展、为乡村教育质量的提升播撒、培育"种子"，将教研人员的爱与责任拓展到乡村学校及教师。我有幸成为一颗"种子"，也有了自己的师父——曾玉珺老师。

2018年11月，我第一次参加了"种子计划"的线下活动。这次活动让我知道了什么是课例解读。以前我误以为课例解读就是对本堂课如何达到教学目标进行解读。但是通过这次活动，我了解到其实课例解读应该先从教材分析入手，对本堂课的教学环节如何达到教学目标进行解读，并指出本堂课还可以更加完善之处。2019年3月，"种子计划"开展白鹤小学跟班学习活动。我终于和我的师父见面了，我给她带来了见面礼——"掷一掷"片段教学。课后，导师们对我的课进行了细致而全面的点评，一个环节的重建，一个问题的提出，一句评价的精准等，都一一提出了可操作又可归纳推广的建议，令我豁然开朗。

工作以来我都是幸运的，学校领导一直都很重视教师的专业培养，所以我有很多外出学习的机会，接触名师优课。刚工作的时候，通过在九方小学一周的跟岗实习，认识了袁艳红老师，她教会了我备课一定就是备学情备学生备教材，也让我第一次感受到了教师用书的重要性，也感受到了周辉老师带领的教研团的团队力量。后来有幸认识了谭志俐老师，初步了解到了"三放三收"的教学模式及大问题教学的设计。接着有了自己的师傅曾玉珺老师引导我去思考研讨课堂教学，参与游戏课程的学习。再后来有幸认识了谢曲波老师，也有机会去了南方一小数学基地学习。正是这些幸运，引领着我前行，没有走那么多的弯路，数学专业素养也得到快速提升。

正是遇见那么多优秀的引路人，才让我稳步前行。2016 年，参加首届全省教育教学信息化作品征集活动，《亿以内数的认识》获省三等奖；撰写的磨课案例《线段、直线和射线的认识》获市一等奖。2017 年，撰写的论文《农村小学中年级家庭作业布置中存在的问题》获市一等奖；执教的"三角形三边的关系"获县教学比武二等奖。2018 年，撰写的磨课案例《百分数与小数分数的互化》获市二等奖；执教的"爸爸妈妈在我心中"获市教学比武一等奖。2019 年，撰写的"爸爸妈妈在我心中"获教学设计市一等奖；执教的"三角形三边的关系"获第十九届全国读讲精练教学法研究会现场赛课特等奖、第二届全国名师工作室联盟创新发展成果博览会一等奖；课例"掷一掷"获株洲市在线优课大赛活动三等奖；撰写的论文《农村小学低年级数学》获市一等奖……

　　教师专业发展，不仅是时代的呼吁、教育发展的要求，也是教师教学自我提升的需要。时代在发展，社会在进步，只有把握时代脉搏，紧跟时代潮流，开拓进取，努力创新，不断加强理论、业务学习和继续教育，才能经受住"极限"的考验，在超越自我的同时，实现自己人生价值。

　　作为一名数学教师，我愿意坚持在教学一线，坚守数学学科专业发展；每学期上一堂校级以上数学研究课，精写一个课例解读、一个磨课案例；每学期至少参加一次数学学科的外出学习，写几篇有分量的教学后记。

　　作为一名90后的副校长，我会坚持实干原则，做好本职工作；发挥表率作用，当好老师的榜样；摆好自己的位置，踏踏实实工作。一起为"让乡村孩子享受城市教育"的教育梦想而努力奋斗，坚持立德树人，促进学生全面发展。

　　我将坚定地在教育之路上，不忘初心，砥砺前行。努力向"四有好教师"队伍看齐，只争朝夕，不负韶华。

（二）

　　向斌斌，从教三年，2017年6月毕业于湖南省第一师范学院小学教育专业。现任株洲市茶陵县舲舫中心小学教师、中心校教务员，是株洲市小学数学"种子教师"成员。参加工作三年多以来，一直专注于小学数学教学，撰写的多篇教育教学论文获省市一、二、三等奖。2018年参加学校举行的"将军杯"教学比武获数学组一等奖。2019 年执教的"不一样的你我他"一课获茶陵县道德与法治"铁犀杯"教学比武及株洲市道德与法治现场赛课一等奖；2019 年执教的示范课"平均数"荣获第二届全国名师工作室联盟创新发展成果博览会一等奖。论文代表作有《培养小学生数学核心素养的教学策略研究》。

师者之心，传道授业

◇ 向斌斌

2017 年 6 月，我从生活了四年的母校湖南第一师范学院毕业。四年的小学教育专业学习，虽学艺未精，但带着最初那颗"甘为天梯扶娇子"的师者之心，我快步迈出了校园，开启了从教生涯。

2017 年 9 月，我很幸运地进入茶陵县舲舫中心小学任教。由于学校教师人员紧缺，我被安排任教六年级两个班的数学，并担任其中一个班的班主任。初出茅庐，担此重任，虽备感压力，仍斗志昂扬。

开学之初，由于换了老师，还是一位男老师，学生们一开始对我还是有所畏惧的。我便趁机制定了班级班规、卫生制度、图书借阅制度等班级常规管理制度。可是，尽管如此，班上的问题还是层出不穷。打架、丢东西、上课迟到、上课看小说、作业不做、寄宿生不吃饭、晚就寝讲话……每一天我都要处理很多诸如此类的事情，一开始真感觉心累，可没办法，我只能慢慢去适应，当然想各种方法去改变这种不和谐的状态才是最关键的。正如我们老师们给自己的定位一样：我们是全能的，学生哪方面需要我们，我们就要能变成相应的角色。如果这样看的话，我觉得我们教师可能是全世界最好的演员，没有之一。

接手两个班的数学教学，日常的工作量还是比较大的，面对基础很差的孩子们，我只能一边讲解新知识，一边复习旧知识，部分学生很快能够赶上来，但相当一部分学生十分令人操心，他们上课不听、作业不做、考试乱填，哪怕老师写在黑板上的，让他们抄都懒得抄。后来我做了一下统计，发现问题学生中大部分都是留守儿童，平时跟随爷爷奶奶在家生活、学习，爷爷奶奶根本约束不到他们，也就只能放任他们了。我也和很多的家长交流沟通过，但当我听到家长们为了孩子，为了家庭在外拼搏，我也不忍强求他们回家，只能挂了电话，自己平时多与孩子们去沟通。为了让班级更加温馨、更加和谐、更加像一大家庭，我带领孩子们开展了很多的活动，看着他们玩乐其中，然后跑过来和我说感受，我真的很欣慰，这是作为教师才能体会到的一种喜悦感，溢于言表。

长久以来，我国的教育事业存在着差距悬殊的问题，尤其是城乡之间的差距更是阻碍了教育事业的进一步发展。2017 年下学期，在谭自云校长的组织下，茶陵县舲舫中心小学成立了"乡村青年教师俱乐部"，一时引起了众多教育人关注。我本身就是乡村教师中的一员，地区的差异和条件的限制让我很难有机会外出学习更多、更前沿的教育理念与教学方法。谭校长是一位省级名师，掌握着非常全面系统的教育教学理念，他也非常愿意培养青年教师，一直致力于为乡村教师队伍培养后继中坚力量。

乡村青年教师成长俱乐部在谭自云校长的亲自组织与指导下开展至今已两年多。我参加了俱乐部几乎所有的活动，每次活动开展完，专家名师和同事们的精彩分享都让我受益匪浅，尤其是"六个一"活动，让我明显地感受到了自己业务能力的提升。

响应读书与汇报活动，我阅读了《核心素养导向的课堂教学》《简·爱》《小王子》《给教师的建议》，并作了两次读书分享会，每一次静心阅读都是一次心灵的洗涤。

公开课是每一位新手教师绕不开的一道坎，但我赞同"公开课是最能让教师快速成长的途径"这一观点。到目前为止，在乡村青年教师成长俱乐部开展的活动中，我执教了"圆的认识""分数乘法解决问题""平均数""三角形的内角和""不一样的你我他"五节公开课(前面四节属于数学学科，最后一节课属于道德与法治学科)。上公开课的目的，有时是接受领导的视察随堂听课，有时是为了提升自己而进行课堂磨炼，有时是为了参加学科教学竞赛。但，不管是出于何种缘由，最终我都获得了进步，得到了成长。

写作能力是衡量一位教师教育教学研究能力的重要指标。在乡村青年教师成长俱乐部中，谭自云校长经常督促我们撰写自己的教育随感、教学反思、学科论文等。目前为止，我已撰写了十余篇论文并获得了省、市级奖励。其中《培养小学生数学核心素养的教学策略研究》一文荣获省一等奖，《倾情相待，亦师亦友》获省二等奖。除此之外，我还参与开发了《将军故里，红色摇篮》《家乡的年味》校本教材。

回顾与乡村青年教师成长俱乐部一起成长的这两年多时间，

我内心甚是欢喜。对于我这位刚参加工作的新手教师而言能够有这样的机会与机遇同一群优秀的青年教师聚集在一起，共同探讨教学方法、分享教学经验、聆听智者的声音，真是一件幸福的事。有了这个平台，我们可以畅所欲言，互相学习，彼此成就，为了共同的理想事业而奋斗。

"有哪位老师愿意来说说你今天的学习收获?"株洲市小学数学教研员谭志俐主任问道。我作为茶陵县舲舫中心小学的"种子"教师，分享道："今天的学习，我主要有四点收获。一是一堂课的教学设计要涵盖本堂课所需要达成目标的所有教学内容，并且在编排上要有新意，要巧妙；二是教师要充分利用好课堂中所生成的教学资源；三是提问要有引导性、启发性与前瞻性；四是不要低估学生的能力，要充分相信学生是有能力去完成学习任务的。"这是株洲市教科院小学数学"种子计划""XYZ"工作室天元区白鹤导师团在茶陵县送课下乡活动现场的师生研讨对话。

工作以来我都是幸运的，学校领导一直都很重视教师的专业发展，所以我有很多外出学习的机会，接触名师优课。后来有幸在一次教学观摩活动中初步了解到了"三放三收"的教学模式，以及大问题教学的设计，更幸运的是，在谭自云校长的推荐下，我认识了谭志俐老师。

2018 年，我加入了株洲市小学数学教研员谭志俐老师组建的"种子计划"团队，成为一名"种子"教师。我积极参加"种子计划"的各项教育教学研讨活动，在天元区教研员李芳师父的帮助下，我的专业素养得到快速提升。

教师编

在李芳老师的指导下，2019 年 7 月，我参加了第二届全国名师工作室联盟创新发展成果博览会，执教的"平均数"荣获一等奖；2019 年株洲市优质课堂教学资源建设暨中小幼教师在线优课大赛活动中，我提交的课例荣获二等奖。2019 年 11 月，我专门来到天元小学试教四年级数学下册"烙饼问题"一课，得到了李芳老师的认可与指导。

"种子"发芽需引领，师徒互助共成长。"种子计划"让"种子们"如沐春风，让观课学习的老师们醍醐灌顶，在这暖暖冬日里，我们享受着知识的"滋养"，收获着师徒之间的美好情谊。"种子们"乘着冬日缓缓升起的暖阳，一同迎接着春暖花开的惊喜。

工作快三年了，每一天都是那么忙碌，绝对不是常人认为的每天上几节课，还有双休的生活状态。除了正常的教育教学之外，教师还得与家长沟通、处理学校安排的各种大小事宜。当然，促进自我学习、自我成长也是我迫切需要的。所以，连续几个学期，我很有幸地参加了欣欣教育基金会引导下开展的欣欣教育线上培训与数学微研修。五个礼拜的欣欣线上培训让我感受到了欣欣人的专业、激情、友好、善学、勤思，主讲孙众教授的课堂深入浅出，具有很高的实用性，一些浅显易懂的实例让我茅塞顿开。在线上培训的吸引下，我又报名参加了微研修，因此我有机会与这些优秀的人进行近距离的交流与沟通。对于我这位新手教师而言，学习先进的教学理念与教学方法、积累经验是目前最急需的，只有教师自身的专业素养提高了，才能给学生最优质的课堂和最好的教育。

在欣欣微研修中，我选择了"三角形内角和"这一课题为研究主题。每周四晚8：00，老师们都会积极参与，他们结合我的课例提出了很多具有建设性的意见，从课前的设计思路到教案的修改，再到课件的打磨和课堂实录的评价与反馈。一个完整的磨课过程让我对这堂课有了清晰明了的认识，尤其是一些课堂的细节方面老师们也是火眼金睛，丝毫没有放过，让我不得不敬佩。我非常感谢数学二组的其他11位老师（谭冬香、肖振华、孙继娟、龙英俊、姜燕、郭杰、王培琴、张凌波、朱淑凤、吴松林、逯少莉），因为大家的支持与鼓励，我成长进步了，因为大家的坚守与追求，我们共同学习，共同进步。我非常喜欢这么一句话：和喜欢的人在一起做喜欢的事，是人生中最幸福快乐的事。

从我选择了读师范开始，我身边的朋友就一直在问我是不是想要当一辈子的教师。关于这个问题，我曾深刻地思考过。后来我终于找到了理由，让我坚信自己的选择。第一，如果不当教师，那我苦读十多年上大学读师范有什么用？这不是意味着自己人生的二十来年都白过了吗？我不想这样！第二，我从小有一颗想当教师的心，我们经常讲"不忘初心，方得始终"，所以坚持下去，就是有始有终。如此，我很喜欢。第三，和孩子们相处，很多时候是很快乐的，看到孩子们进步与成长，作为教师真的会由衷为他们感到高兴，另外和孩子们待的时间久了，我经常会忘记自己是一个大人。看完《小王子》后，让我印象最深的一句话就是：愿每一个大人都记得曾经自己也是一个小孩。因为不想"长大"，所以更想坚持。

对于未来我想成为一名怎样的教师，我的定位是首先得是一位合格的教师：学生喜欢，家长认可，学校赞赏。其次，如果自己足够强大，我想做一位有追求、有教育情怀的教师。都说追求永无止境，这句话或许是一种贪婪的表现，但正是这种不满足，才能迫使我更加努力奋斗。愿自己不忘初心，奋力前行！

（三）

秦惠娟，从教四年，现任株洲市茶陵县舲舫中心小学少先队总辅导员，90后储备干部，株洲市小学音乐骨干教师成员。2016年6月毕业于衡阳师范学院音乐系。参加工作四年以来，一直专注于小学语文、音乐和道德与法治教学，撰写了多篇教育教学论文获省、市一、二、三等奖。2018年执教的"父母多爱我"一课获株洲市小学道德与法治乡村教师教学竞赛一等奖；2018年所做的课例解读"道法自然"在株洲市道德与法治学科核心素养竞赛中荣获一等奖；2019年执教的"青蛙卖泥塘"荣获全国读讲精练教学法赛课特等奖。

以爱促爱　以心暖心

◇ 秦惠娟

有人说，教师是石阶，承受着学生一步步踏地向上攀登；有人说，教师是红烛，燃烧自己照亮别人；有人说，教师是灯塔，为学生指引前进的方向。现在，作为一名教师的我，在三年多的工作中，越来越体会到教师就是太阳底下最平凡却也最不平凡的职业。

2016年8月，我走进了素质教育校园，华丽转身成为一名人民教师。在教育局拿到入职通知那一刻我内心十分激动，成为一名人民教师，是我从小树立的梦想，于是迫不及待收好行李赶往学校。那天阳光明媚，草木一片郁郁葱葱。当我走到教学校园门口时，内心有激动，但更多的是忐忑，有对陌生环境的忐忑，眼前的这所学校是个村级小学，地理位置偏僻，附近全都是庄稼，连一个小商店都没有，与自己期盼中的校园相去甚远；还有对接下来工作的忐忑，如何带好学生、如何面对家长……脑海中充斥着各种念头。但俗话说得好：既来之，则安之。我还是决心留下来，努力安慰着自己、鼓励着自己。然而，深入实际才发现许多事情与理想有一段不小的距离。

刚入职的我担任小学四年级的班主任，同时任教语文、英语两门主课。这个班级的学生行为散漫、成绩不理想，是个出了名的捣蛋班级。刚接到这个班，我就记住了一个叫小文的孩子，因为他太调皮了，是一个名副其实的"淘气包"：和同学打架、和老师顶嘴、从不写家庭作业……刚毕业的我年轻气盛，面对一次又一次的挑衅，我很愤怒，经常当着学生的面教育他，将他叫来办公室训斥。但，每次他那双倔强的大眼睛总是噙着泪水，看了让人不忍，我总会不由自主地想起那句"哀其不幸，怒其不争"。刚接手一个月，我所有的激情几乎都被浇灭了，像小文这样的孩子还有十来个，我找不到真正有效的教育方式，不知道该怎么办。

作为一名音乐师范生的我，在语文、英语的授课经验方面有些捉襟见肘，所以在课堂上讲起课来有时会东一句西一句，想起什么就说什么，杂乱无章，没有层次感，甚至有些知识我自己也不知是否能前后联系上。总感觉一节课四十分钟没有好好用上，没有教会孩子们太多东西。这所村级小学老师人数不多，有经验的老教师跟我说，要想上好一堂课，就必须看教学设计，且必须看进去。所以，每天下班后，备课、写教案就成了我的家庭作业。每次看完后我都有一种充实感，然后我会尝试在脑海中模拟自己上课的情景。可是光有理论，缺乏实践也是不行的，我忽略了眼前学生的个体差异，一味套用教学模式，效果甚微。因此，一年下来，我仍然未完全适应工作、环境以及身边的人，我开始对这次转身产生了质疑，对教师行业产生了质疑，经常陷入自我否定的困境中无法自拔。

2017年8月，谭自云校长来到了舿舫中心小学，为促进青年教师快速发展，为乡村学校培养一批"留得住、教得好、有发展"的合格青年教师，他带领大家成立了乡村青年教师俱乐部，用"六个一"打造学习共同体：上好一堂课、读好一本教育专著、开发一套校本教材、写好一笔字、写好一篇论文、讲好一个教育故事。这一年成了我对教师职业重拾信心的一年。

让我印象非常深刻的就是乡村青年教师俱乐部的第六次活动——追忆于永正老师。活动的刚开始谭自云校长向大家介绍了于永正老师的生平事迹，并要求所有老师结合自己的工作实践谈谈我们心中的于永正老师。坐在角落中祈祷着不要被点名的我很"幸运"地中奖了。因为实在不知道该说些什么，该怎么去表达，所以我在众多人面前胆怯地说出了自己的困惑：用什么方法去改变班上孩子的不良行为习惯？如何才能做好班主任？接下来，很多老师都结合自己的实践给了我丰富多彩的答案。黄康生老师认为：我们应该学习于永正先生"蹲下来"看学生的方式，我们只有和学生保持一种平等的姿态，才能真正走进学生的内心世界。"平等、民主、自由"地对待学生才是教育的真谛。吴玲凤老师就于永正老师坚持的平等、民主、自由地和学生交流的教学原则，讲述了她和149班学生的故事，令在场的老师无不为之动容，大家都深深感受到了作为一名教师，与学生进行有效交流的重要性……在活动总结的时候，谭校长告诉我们想要提升自己的各方面能力就要先拓展自己的眼界，开阔自己的视野，多读书，并且多从优秀的老师那里汲取经验。这一次会议让我改变了对这个看起来很"严肃"的校长的看法。而此次活动中令我最为惊喜的便是我得到了一次外出学习的机会——"湖湘优秀班主任工作研讨会"。在之后的学习中，我聆听了刘铁芳教授的"培养有格局的人"、田冰冰老师的"轻轻松松当好班主任"、杨春林老师的"变出品牌班级"……这都为我之后的班主任工作打下了坚实的基础，这次学习也成了我带班的新起点——在爱中走进学生的心灵。

小谭是我们班一个出了名的小捣蛋，在课后我经常会接到班上其他学生家长的告状电话，要么就是小谭打了我们家孩子，要么就是小谭画了我们孩子的书，或者就是他把脏兮兮的纸巾塞到我家孩子的嘴巴里。每次接到这种电话，身为班主任的我也是头疼不已。刚开始我采用和他说道理的办法，告诉他打人是不对的，让他以后和同学友好相处，可是经过一段时间后我发现讲道理这一招并没有那么管用，每天还是有很多学生来向我告状：老师，小谭打了谁谁谁，小谭上课总是拿我东西，小谭又做了什么坏事……束手无策的我只好给他家长打电话，并与家长约好进行家访。通过深入了解，我才得知原来他身处在一个单亲家庭，妈妈不在身边，缺乏家庭温暖与关爱，约束不够，导致他养成了调皮捣蛋的习惯。第二天上完课，我便把他叫了出来，首先询问他平常喜欢做什么，喜欢和我们班哪位同学玩，刚开始他还是支支吾吾小声地说，后来在我的不断引导下开始滔滔不绝地说起来，说得很是起劲，说到有意思的地方更是眉飞色舞。这次谈话打开了他封闭世界的大门，经过一段时间的交流我发现，虽然他平常调皮，但他本质上是一个非常热心的小男孩，他会在我们班学生集体吃饭的时候，帮同学去抬汤桶；在同学们需要倒水喝的时候，主动维持排队秩序，并帮别人倒好。正因如此，我开始在班级上表扬他，告诉同学们他为我们班做的贡献，让同学们主动和他去交朋友，多去帮助他。在此之后，我发现无论做什么他都变得很积极，而且更愿意在老师和同学们面前袒露内心。事实上，当一个学生看起来不值得爱的时候，恰恰是他最需要爱的时候。每一次乡村青年教师俱乐部活动、每一次外出学习、每一次实践，都让我对自己的班主任工作有了更大的信心。2018 年这一年中我的教育教学技能得到了快速的提升。上课是教师教学工作的灵魂，青年教师如何才能迅速提高自己的教育教学技能？为了让我们青年教师能上好课，谭校长利用自身的资源开展了一系列活动，其中使我成长最快的就数赛课了。

还记得一天放学后，被谭校长叫进了办公室的我，一脸迷茫，不知道他葫芦里卖的什么药，心想我平时的工作也做得挺不错的啊！直到他说让我找来三年级的《道德与法治》课本，我才知道原来他是想让我去赛一堂课。对这门课程毫无经验的我一开始是拒绝的，但在谭校长的鼓励和劝说下我还是硬着头皮接受了。所有的课程都是互相关联的，再说有谭校长这位名师的指导和同事的帮助我还怕什么呢？

从接到任务那一刻开始，我的工作和生活就开始变得忙碌与紧张。"父母多爱我"是我参加比赛的课题。当代表出门赛课，课题一定要能引人入胜，通过教师的设计让学生心悦诚服。备课时，我观摩了谭自云校长"我爱我家"一课的视频，还在网上搜集了大量的教学设计和课件，完成了我的第一个试讲稿，可是被谭校长打回了，原因是没有考虑到学生的学情，一味地借鉴了别人的设计，说完之后他又给我提供了一些思路。很快，我开始了真正的有生试讲，我在导入时由于下足了功夫，孩子们总是能很快地进入情境，和老师一起思考。但是由于活动中的取材没有结合学生的生活实际，我又进入了第三稿的修改。到了第三次试讲，谭校长、茶陵县道德与法治学科带头人付小波老师以及舲舫中心小学所有的青年教师亲自辅佐我试讲，青年教师们都专注地听课，做着记录。课后，首先是青年教师提出了自己的想法和建议；接着付小波老师从道德与法治课的生活性和活动性两点，结合我的课堂实际表现进行了点评；最后谭校长则从对课程理论认知层面到教学具体实施方法上给我进行了讲解。谭校长告诉大家，道德与法治这门课程一定要源于生活，贴近学生的生活，不能脱离实际；教学过程中必须要有活动，以活动为载体；在授课过程中必须要有法治意识的渗透；一定要把握新课程的性质，实施有效的教学。讨论过后，我又不断调整自己的教学设计，形成了最终设计稿。在 2018 年株洲市小学道德与法治乡村教师教学竞赛的现场赛课中，我最终荣获了一等奖，这也是我多次教学尝试后取得的阶段性成果。

此次赛课之所以让我记忆犹新，不仅因为获得了荣誉，更多是过程中的历练成长以及让我充满了感激和感动的点点滴滴。谭校长对我的耐心指导，同事的陪伴鼓励，才让我有勇气面对一次次的挑战，逐渐走向成熟。

波斯纳提出教师的成长公式：成长＝经验＋反思。而论文写作便是反思的一种手段。教师专业发展离不开专业写作，写论文是优秀教师的必备素养。教师在教育教学中，肯定会有得有失。若能将这些体验用文字记录下来，并从理论层面做分析、诊断，那么有益的东西便会积淀下来，不足之处也会得到改进。如此坚持下去，教学素养定能提升，教育智慧必将凸显，教学风格终会悄然形成。

教师可以总结课堂得失，反思教学成败，梳理工作思路，捕捉精彩"插曲"，在回顾一段段教育经历的同时，叩问心灵："我做好了吗？我做错了吗？哪里出了问题？我该怎么办？"在反思中学会反思，养成勤于反思、善于反思、乐于反思的良好习惯。我在教授低年级识字写字、阅读的教学过程中就发现了很多适合孩子的教学方法，于是我写了一篇《浅谈小学低段语文教学的有效策略》，记录了我实践过程中的点点滴滴。通过记录反思，树立鲜活的教育理念，改进教学行为，我之后的每一节新课都会比上一节课安排得更合理。这样日积月累，我也会成长和进步得更快。

我知道"机会总是青睐有准备的人"。在之后的工作中我要继续不懈拼搏，做一个永远"有准备的人"。一是加强自身师德修养。在教学工作中，要恪守教师职业道德基本规范，使自己形成敬业爱生、明礼诚信、勤学乐教、廉洁奉献的师德风尚。二是多读书，做一个知识渊博的教师。书籍是人类智慧的结晶，书是人类进步的阶梯。读书，就是一次与大师的对话，与智者的交流，是一次难得的精神之旅，会让人受益匪浅。只有多读书，读好书，才能不断进步。三是让反思成为习惯，让反思促进成长。新形势下我们需要的是善于学习的教师，善于思考的教师，善于改进自己实践行为的教师。相信只要不断学习，不断磨砺，我的教师成长之路就一定能走得更踏实稳健。

学生编

走进现在的乡村学校，大部分学生不再是和泥土为伍，他们手中有手机和零食，他们也不再需要帮父母干农活。由于常年不在孩子身边，所以父母一味地想着用物质去弥补孩子，把原本贫困的孩子当作富二代来养。基于这样的现状，这群新乡村学生，更加需要我们用一种精神去滋养他们。扬红善精神，育中国少年！

扬红善精神，育中国少年

如何在乡村培育好我们的乡村孩子？如何在中国大地办好乡村教育。直到有一天，我找到了刘铁芳教授提出的"中国少年"培育体系，其目的是以培养自然-地理意义上的"中国人"为出发点，以培育文化-生命意义上的"中国人"为根本目标，致力于培育拥有健全生命气象的"中国少年"。以"做自信豪迈的中国少年"为基本主题，倡导"育中国少年，成生命气象"的核心理念，旨在引领中小学校提升办学理念、厘清办学目标、整合学校课程、形成学校文化，全面提升学校人才培养的格局，促进学校教育的文化自觉，以造就具有健全生命气象的、自信豪迈的中国少年。于是，在学生培养方面，我们提出了：扬红善精神，育中国少年。学校通过"一套课程传承精神""一根绳子立健康身心""一块魔方锻炼思维""一笔好字养好习惯""一日阅读涵古今中西""一根竖笛陶冶情操"这"六个一"来促进学生全面发展。我们用廉价的方式，做真正的素质教育。

对乡村特殊儿童的关爱，我们坚持一个都不少的原则。对于贫困生，我们通过扶智阻击贫困；对于单亲儿童，我们开展成长爸爸、成长妈妈活动；对于孤儿，我们鼓励教育行家认领；对于留守儿童，我们每月开展集体生日活动；对于随班就读的孩子，我们通过与特校合作开展康复课。

　　乡村是素质教育的大舞台，关键看我们如何利用乡村资源，为乡村孩子提供合适的教育。我们利用当地的一些自然条件来为教育教学服务。鹅卵石众多，于是有了"让石头说话"社团；竹子密布，于是有了竹竿舞大课间；菜地资源丰富，于是有了小小农夫实践活动课；靠近茶叶基地，于是有了爱心采茶活动；地处将军故里，于是有了每年16公里的"走将军之路"的活动。

一套课程传承精神

一套课程传承红善精神，突出德育实效。大力开展理想信念、社会主义核心价值观、中华优秀传统文化、生态文明和心理健康教育。加强爱国主义、集体主义、社会主义教育，引导少年儿童听党话、跟党走。加强品德修养教育，强化学生良好行为习惯和法治意识养成。打造中小学生社会实践大课堂，充分发挥爱国主义、优秀传统文化等教育基地和各类公共文化设施与自然资源的重要育人作用。广泛开展先进典型、英雄模范学习宣传活动，积极创建文明校园。为了突出德育实效，我们学校选择从国家课程"道德与法治"和校本课程"红色舲舫，善行人生"出发，结合当地丰富的自然资源和人文资源开展德育工作。

在这片丹霞地貌的土地上生长的舲舫人，有着勇于直言、敢于革命、敢于创新的品质。在这片耕地少的贫瘠的土地上，走出了4位开国将领、2位革命家、322名烈士、数名高等学府教授、1名雪君字体创始人。八十年代，依靠河流做生意，舲舫中心小学的众多校友成了知名企业家。其实，这里是个国家级贫困乡，留在当地的老百姓收入很低。用什么来激励学生继承与发扬革命烈士们敢为人先、勇于追求、乐于奉献的精神呢？我首先想到的是课程。

传承精神，落实"道德与法治"这门国家课程是关键。我是湖南省和株洲市道德与法治名师工作室的主持人，学校是道德与法治学科建设基地校。我们学校确定了把班主任培养成为道德与法治骨干教师的目标。2019 年上半年，我们学校承办了湖南省道德与法治名师工作室联盟活动，全省 3 个名师工作室 12 名骨干教师在此给学生上课。三年时间里，我们承办了 1 次县级、2 次市级、1 次省级的青年教师道德与法治学科的联盟活动，近 50 名优秀的道德与法治教师给孩子们上课，给他们带来了全新的思想。而我们学校的青年教师在道德与法治学科比赛中，获得全国一等奖 3 个、教育部优课 1 个、省级一等奖 5 个、市级一等奖 6 个。这些成绩的取得，证明我们拥有一支很强的德育工作队伍，能够落实理想信念、社会主义核心价值观、中华优秀传统文化、生态文明、心理健康等方面的教育。

传承精神，我们充分利用了当地革命摇篮这一人文资源。学校处于红色土地之上，将军人文资源有利于对学生开展爱国主义教育，有利于培养学生敢为人先、勇于追求、乐于奉献的大无畏的精神。我们主要从五个方面来着手进行。一是认真用好校本教材《红色舣舫，善行人生》，我们班主任老师利用班会课和校本课给孩子们上好德育课。二是我们开展"走将军之路，扬将军精神"的徒步游学将军故居的活动，让学生在活动中感悟体会敢为人先、勇于追求、乐于奉献的大无畏精神。三是以将军的名字编好班级，为孩子们树立榜样，让全体家长也记住这些将军名字，从而更好地传承他们的精神。四是培养将军文化解说员，通过一段时间的学习，学校还举行了解说员的比赛活动，通过选拔，让孩子们成为将军文化传承的使者。五是定期开展评价，落实教育效果。每个学期通过评选"十佳将军精神传承者""十佳将军文化解说员"等评比活动，促进学生的德育提升。

一根绳子立健康身心

　　一根绳子，强化体育锻炼。坚持健康第一，实施学校体育固本行动；严格执行学生体质健康合格标准和国家监测制度；科学安排体育课运动负荷，开展好学校特色体育项目，让每位学生掌握1至2项运动技能；广泛开展校园普及性体育运动，定期举办学生运动会或体育节。依据国家提出的体育教育要求，我们行政和兼职体育老师展开了一次头脑风暴。"我们学校乒乓球台子多，我们就以乒乓球为特色开展体育教育吧，而且很多学生的水平很高，可以弥补我们师资不足的问题。"陈老师年龄相对较小，所以第一个发言。"我不同意，学校虽然有一些乒乓球台，但是只能满足部分学生的需求，大部分学生没有参与，我提议根据我们学校在县运会上的传统优势项目开展跳绳运动比较好。"罗老师年龄大，但是思维很活跃。于是，根据我们学校的实际情况，围绕如何开展好跳绳活动进一步展开了讨论。以跳绳作为学校的特色体育项目，能够在一定程度上强化体育锻炼、提升体育水平。跳绳运动有利于促进心脏机能、增强协调性，也有助于青少年身高增长和儿童记忆力的提高。最终我们选择跳绳作为学校的特色运动项目是基于三点考虑，一是绳子成本低，适合人人参与；二是学校每年在县运动会中，拔河和跳绳都是优势项目；三是跳绳项目在我们这样严重缺乏专职体育老师的学校能够很好地开展。

要开展好跳绳运动，首先得保证师资。跳绳，学会跳很容易，但若想跳好，却不那么容易。在没有好师父的情况下，我们组织老师和每班的跳绳达人一起观看视频，同时确定每个年级的不同要求：低年级的单人单腿跳和单人双腿跳；中年级的双人花式跳；高年级的长绳跳。不同年级的要求各不相同，每次体育课，教师要开展不少于 10 分钟的跳绳教学，并培养小老师进行示范。

要跳好绳子，基本功很重要。学校每天大课间用十分钟的时间给学生跳绳，这个时间的跳绳主要是以单人跳为主，练就良好基本功。同时，为了克服跳绳运动的枯燥无味，我们寻找了三种类型的音乐，要求学生根据不同音乐用不同姿势不同节奏进行运动，枯燥的跳绳运动也变得有滋有味了。

要跳好绳子，评价是关键。每个学期举行跳绳测试和跳绳比赛。跳绳测试是要求人人参与，一分钟跳绳次数决定是否及格，不同年级要求各不相同。通过努力，我们的学生基本都能达标。跳绳比赛也分不同的形式举行：单人跳绳、双人跳绳、长绳集体跳等，这些比赛活动加强了学生的团队归属感，促进了学生的身体和心理健康发展。

一块魔方锻炼思维

一块魔方，锻炼思维，提升智育水平。学校着力培养学生的认知能力，促进其思维发展，激发创新意识。首先，我们严格按照国家课程方案和课程标准实施教学，确保学生达到国家规定学业质量标准。其次，我们充分发挥教师主导作用，引导教师深入理解学科特点、知识结构、思想方法，科学把握学生认知规律，上好每一堂课。再者，我们注重突出学生主体地位，保护学生好奇心、想象力、求知欲，帮助激发学习兴趣、提高学习能力。我们学校以魔方为突破口提升智育水平。魔方用它独有的"魔力"征服了全世界，不但被誉为"最有教育意义的玩具之一"，还获得"1980 年最佳游戏发明奖"，以及"20 世纪最有影响力的 100 项发明之一"。魔方能够培养学生的专注力和耐力，提高学生的动脑能力和动手能力。学校为每一个特困的学生赠送高级魔方一个。为了鼓励孩子们在玩耍中学习，学校在六一儿童节会举行三阶魔方比赛，每个年级排名前百分之十五的孩子将获得学校赠送的高级魔方一个。我们坚持不让一个孩子掉队，家校携手，共同营造乐学的学习环境，让乡村孩子享受城市教育。

2019 年的春季开学典礼，我送给所有学生的礼物是魔方。一个乡村学校的孩子玩魔方，到底会有什么效果呢？

4 月 18 日，茶陵县教育局的费学文局长到我校参加"思政工作"座谈会，活动开始前，我和费局长一起漫步在这充满泥土气息的乡村校园。突然，我们的视线被一个小女孩吸引了，只见她手上飞快地旋转着一个三阶魔方，不到一分钟，六个面都拼好了。费学文局长很惊讶地竖起大拇指，连声称道："这个小同学真不错！自云，这个事情你做得好！"小女孩露出了腼腆的笑容，当我看清楚是她的时候，我的内心更加震撼。因为她是别人眼里的笨小孩，上课的时候很难在教室里待满四十五分钟，任课老师经常要去教室外面找她回来上课。她从来都不愿意在别人面前说话，也从来不写作业。10 岁的她一直活在自己的世界里面，很多人都劝说给她办个弱智儿童的证件，好享受政府的补贴与资助，也有很多人劝说把她送到特殊学校，但是，她的父母很疼爱她，坚持说孩子很聪明，没有任何问题，只是害怕陌生人而已，只是不太爱说话而已，只是智力发育得迟一点而已。当我把这些情况告诉费局长的时候，费学文局长一再交代："我们要用父母之心去看待这个孩子，这样的孩子是人间的天使，我们应该好好教育她，你作为校长，就更要关爱学校的每一个特殊的学生，做他们的好榜样！"

带着费局长的叮嘱，带着一份好奇心，我尝试着深入接触她。我委托她的班主任，邀请她来我办公室。来到办公室，我让她展示转魔方的技能，我打乱魔方的顺序，让她转。以前，我接触她，她总是躲得远远的，一脸的害怕，一言不发。而这次知道是让她来玩魔方的，她竟没有一丝的躲闪，毫不犹豫地玩起来，一点都不害怕了，而且我明显地看出她嘴角扬起了微笑。结果，不到一分钟，她复原了魔方，那娴熟的手法，令在一旁观看的我都自叹不如。我连连表扬道："你真是太厉害了！我第一次见到这么快就把魔方复原的孩子。"她没有说话，只是露出了灿烂的笑容。我尝试着和她交流，而她依然是一言不发，只是抬头看了看我，继续摆弄着手上的魔方。

一天早上，她看见了我，第一次主动地对着我笑，然后对她的同学说："这是校长哟！"我还来不及和她打招呼，她就飞一般地跑走了。来到办公室后，我刚坐下，发现门口探出了一个小脑袋，我一眼就认出是她。我立刻站起来，走出门看她想干什么，只见她手上拿了两个魔方，硬塞了一个给我。我一开始没反应过来，不知道她的意图，当我看到她正抬着头望着我的时候，才恍然大悟——她是想找校长 PK！比赛嘛，毫无悬念我完败。她第一次在我面前笑出了声音，毫无顾忌地说了三个字"我教你"。她在我面前慢慢地转动，想让我看懂她的思路，可惜她这么优秀的"师父"，依旧没有办法教会我这个笨"学生"。

我不禁暗自一笑，曾经的我和老师们不知道多少次对学生说过："你怎么这么笨，这样教你，你都不会！"此刻，她教育了我。孟子说："得天下英才而教育之，人生一乐也。"其实，英才真的不仅仅是考试成绩好的学生，在魔方中，她就是英才。得魔方中的天使而教育之，人生大乐也！

一笔好字养好习惯

　　"一笔好字，入木三分。亲爱的孩子们，下午好！现在是舲舫中心小学的写字时间了，在写字之前，请同学们跟着老师一起朗读写字要求，做好准备。老师读一句，你们跟读一句：眼离本子一尺……胸离课桌一拳……手离笔尖一寸……亲爱的孩子们，现在请你们拿起笔开始写字吧。"每天下午第一节课前 15 分钟，随着学校特别剪辑的音乐，孩子们和青年教师纷纷拿出自己的练习材料，开始了 15 分钟的硬笔书法练习。书法是中华民族的文化瑰宝，是人类文明的宝贵财富，书法教育能够培养学生书法基本技能，提高学生汉字书写能力，从而更好地传承中华民族优秀传统文化。

　　为了让学生写好字，学校采取了一系列措施。一是设计了专门的硬笔书法纸张。书法纸张上"工工整整写字，堂堂正正做人"这 12 个字时刻警醒孩子们做事做人，激励着孩子们勤于练习，夯实学习基本功。二是设立专职的书法教师。练好字，领路人非常重要，学校在教师非常紧缺的情况下设置了一名专职的书法教师，同时，我们挖掘退休教师的资源，聘请了 5 名兼职书法教师。书法教师队伍的壮大使书法教学有了师资保障。三是开设专门的书法课。每周各班开设一节书法课；每天下午第一节课前设有 15 分钟的书法时间，每天坚持练字 15 分钟，培养学生学习书法的兴趣，让书法教学有了时间保障。四是落实评价。评价是为了促进学生硬笔书法的发展，我们设立专门的展示平台，在教室走廊设有书法长廊展示墙，每月更换一次学生的优秀书法作品，开阔学生视野，提升书法修养。每个学期我们举行一次书法大赛，通过比赛评选出"书法之星"，评价机制的运用使得学生学习书法更有成就感，从而又进一步促进书法教学。

　　"展示栏中的这些字写得真好，是六年级孩子写的吧?"来我们学校参加株洲市先进素质学校评比的特级教师王建立问道。"不是，这是四年级学生写的钢笔字。"负责这项工作的彭老师回答道。三年的坚持，学生的硬笔书法取得了明显进步，国家其实很早要求各个学校开设专门的书法课，但是由于种种原因难以实施，不仅仅是乡村，连很多城区的学校也无法保障给孩子们优质的书法教育。其实，对于我们一所乡村小学来说，书法教育并没有优势，而我只是根据学校教师的优势，咬定书法教育不放，持之以恒，努力让特色教育变成优质教育而已。

一日阅读涵古今中西

　　阅读是学生涵养古今中西最直接、最现实的方法和途径。学校的阅读分成四种形式：每天早上 15 分钟集体跟着诵读名家经典文章，每个学期完成一个名篇的背诵；每天吃完午饭后，组织进行半个小时的班级午读；每周开设 1 节阅读课，开展师生共读一本书的活动；每天晚饭后，阅览室开放 2 个小时，学生可以在里面自由阅读。我们坚持做到以下几点：第一，对学生的阅读行为有规定，学生应做到看书前收拾课桌、整理书包、记录阅读报告、撰写读后感、分享师生成果（以讲故事的形式进行口头表达）；第二，对学生的阅读有指导，为一到六年级的孩子提供了不同的阅读书目；第三，对学生的阅读有记录，确保孩子们阅读有痕，小学六年，是孩子的阅读史，更加是学生的精神发育史；第四，对学生的阅读有评价，每个学期举行"阅读之星"评比，截至目前，已经成功评选出十一届"阅读之星"，每位获奖学生能获得每月 50 元至100 元的奖学金。在学生阅读的过程中，有许多故事，每每想起都感到无比幸福。

　　认识张海玥，是一个很偶然的机会。那是在一个星期一的傍晚，天空披满晚霞，正在值日的我，看见一位小女孩趴在草坪上做作业，旁边摆着一本日本作家黑柳彻子写的《窗边的小豆豆》。

我很是好奇地问她："你在读这边书吗？"

"是啊！我们老师说这本书写得还可以。我看了，觉得小豆豆确实很好玩，我看到这里了。"她边说边用手指着书上的页码。

"真的吗？老师也看了一点点，你可不可以讲给我听听啊！"我用试探的口气问她。

"您是校长吗？"她侧着脑袋问我。

"是啊！你是哪个班的啊？"

"我是 233 班的张海玥，你知道我为什么叫张海玥吗？"她看着我在摇着脑袋，就接着说："我爸爸姓张，所以我也姓张。我爸爸是海军，我爸爸妈妈希望我有海一样的胸怀，然后希望我像海里的明珠一样，灿烂美丽，所以叫张海玥，不过不是月亮的'月'，是'王'字加一个月亮的'月'。"

能这样深深地记住她，不仅是因为她脸上那灿烂、自信的笑容，也不仅是因为我很赞赏她的口语表达能力，而是惊叹她那超强的阅读能力。

看着她满脸的自豪，我不时地点头表示赞扬："你真的不错，很能说话，眼睛也很好看，声音也很好听！老师很喜欢你，你很可爱！"

"是吗？不过我觉得小豆豆也很可爱。"她满脸欢喜地说。

"真的吗？你怎么觉得她可爱呢？我听说刚开始，那个漂亮老师不要她啊！"说到了小豆豆，我也很想知道孩子眼里的小豆豆是个什么模样。

"是啊！因为小豆豆总是站在窗户边等艺术宣传队，总是玩自己的座位，总是看燕子，还喜欢叫同学们一起看，弄得漂亮老师不能上课，所以漂亮老师就不要她了。"她一脸无奈的样子说。

"那小豆豆这个样子，你为什么还喜欢她呢？"

"那是因为小豆豆很有趣呀，她小时候的理想是当特务。但在去新学校的路上，她看见火车售票员，她因为非常喜欢车票，就想长大了当火车售票员呢。"

"后来她到了新学校，老师要她吗？她喜欢新学校吗？"我故意这样问她。

"她可喜欢了，到了那里，小林校长就让喜欢说话的小豆豆说自己的事，说了4个小时。然后他们上课可以按自己喜欢的课开始新的一天，上完了课还可以去散步，去野外看油菜花。"此时的海玥就像那能说会道的小豆豆，"他们中午，还可以吃山的味道和海的味道，晚上还能带被子到学校礼堂去睡觉，可有意思了。"

"那你知道，为什么小林校长要孩子们吃山的味道和海的味道吗？"我心想这样的问题你总不知道吧！

"那就是要小豆豆他们不要偏食，注意营养啊！长好身体，好读书呗！"她轻松地理解了这个山的味道和海的味道，"还有，小豆豆……只是我还没有读完，这本书好有意思呀，读完了一定好好地讲给您听。"

"好啊！我们就这样约定，等你读完，你到我办公室来找我，好吗？"

"不行，我看完了书，仍然在这里做作业，在这个地方等您！"

"好！一言为定。"看着这期待的眼神，我很肯定地点了点头。就这样，我走进了她的阅读世界，用孩子的眼光再次回味了那《窗边的小豆豆》。知道了他们喜欢大人聆听他们的世界；喜欢充满刺激的户外活动；喜欢按自己喜欢的课程开始一天的学习；喜欢与大人分享他们的阅读快乐。也许我们真的要好好地走进孩子的世界。我想，当我们真正走进了孩子的世界时，孩子的学习就不会有那么多的痛苦了！

一根竖笛陶冶情操

一根竖笛，增强美育熏陶。国家提出实施学校美育提升行动，严格落实音乐、美术、书法等课程，要求中小学结合地方文化设立艺术特色课程，广泛开展校园艺术活动，帮助每位学生学会1至2项艺术技能、学会唱主旋律歌曲，引导学生了解世界优秀艺术，增强文化理解。国家鼓励学校组建特色艺术团队，办好中小学生艺术展演，推进中华优秀传统文化的艺术传承，鼓励专业艺术人才到中小学兼职任教，充实中小学的艺术教师队伍。

为了增强美育熏陶，我们学校凭借自身实力开好了音乐、美术、书法课程。在书法教育方面，我们坚持让书法传承中华优秀传统，养成学生良好习惯。在美术教育方面，我们借助学校石头资源丰富的特点，开设了"让石头说话"社团，为了解决师资匮乏的问题，我们在中心幼儿园寻找到了一个非常优秀的石头画老师，并采用购买服务的方式，让她兼职带着部分孩子创作石头画。由于石头画很难做到人人都参与，于是，我们把孩子们的作品用柜子展示出来，让石头画的美能够尽量熏陶每一个孩子。受石头画的启发，我开始思考哪种艺术形式是学生能够人人参与的，并且还是成本低廉的。竖笛成了我们的首选，竖笛因结构简单、音色优美、价格便宜，易于学习，在小学课堂教学中被广泛应用。竖笛对培养学生音乐学习的兴趣，促进学生音乐技能的掌握，发展学生的多项能力起着很大的作用。

对于城区学校来说，帮助每位学生学会 1 至 2 项艺术技能不难，万一学校完成不了，家长也会把孩子们送到各个培训学校去学习，但是，在乡村学校却很难，因为困扰乡村学校的依然是师资问题。我们学校只有一位专业音乐老师，但是她还得教一个班的语文。没有足够的教师，怎么办？好在，办法总是比困难多，我想到了导生制，他是由英国教会的贝尔和公益会的教师兰卡斯特所开创的一种教学组织形式，就是教师上课时先选择一些年龄较大或较优秀的学生进行教学，然后，由这些学生做"导生"，每个导生负责把自己刚学的内容教给一组学生。导生不但负责教学，而且还负责检查和考试，完全是教师的助手。有了导生的帮助，教师的教学工作量就大大减轻了，这样能够教育更多的学生。于是，我们的竖笛教育也采用了导生制度，让秦老师在六年级选择26 名乐感比较强的学生，利用学生读寄宿时间多的特点，教会六年级的这 26 个孩子，然后把他们派到各个班，由各班主任组织，让他们利用晚餐后的时间去教竖笛。从第一首的《欢乐颂》到《荷塘月色》，孩子们正在音乐的熏陶中一步步成长。为了更多地激发学生的学习潜能，照顾不同学生的需求，秦老师收集了很多竖笛教学与表演的视频，各班班主任充分发挥一体机的作用进行竖笛教学，在这个过程中，越来越多的音乐老师出现了，很多老师都学会了竖笛。学校音乐教师、优秀学生、班主任三师制培养学生学习竖笛。从各个年级统一的曲目，到不同年级不同曲目，孩子们都能熟练进行表演。我给孩子们一个艺术技能，不是未来用它去谋生，而是让孩子们有一双发现美的眼睛，让它能陪我们走过人生的每个开心与不开心的日子。美育就是通过美的情感、美的言辞、美的理性、美的气度、美的结构，揭示新思想、新学科的科学性、真理性，从而点燃学生的学习热情，使之受到美的熏陶、美的启迪，促进学生全面发展。

不让一个孩子掉队

不让一个孩子掉队，有国家层面、社会层面和学校层面。在学校层面里，校长是关键角色。株洲市教科院院长王开和来学校指导工作时，对我说："校长，就是要关心学校的特殊群体，尤其是学习困难、家庭困难的学生，要以身作则给其他教师做好榜样，我们不能丢下任何一个学生。"在乡村教育中，我深刻地感悟到了这句话的重要性，从而系统地去关注学校中的弱势群体，努力做到不让一个孩子掉队。

单亲孩子的"痛"

"校长，我有个事情需要您帮忙，我想接我儿子去看看我妈妈，我妈妈在重症病房，估计扛不过去了。"一个中年男子一脸焦急地对我说。"这个没有问题，您直接找班主任办理一下请假手续就可以！"我很同情这个中年男子，但是我也很好奇，自己的孩子去看病重的老人，正常不过的事情，为什么还要来办公室找我。"事情没有那么简单，我儿子不肯去。"中年男子一脸无奈地望着我。我也一脸茫然："还有这样的学生？""校长，您误会了，孩子

193

懂事，是我不懂事，在孩子才三个月的时候，我和他妈妈离婚了。上周末，我去看他，和他说了这个事情，他一口拒绝了我，实在是没有办法，所以来找您帮忙，听说您老家和我一个地方的，拜托您帮帮忙。""确实，请校长帮忙。""一个地方的人，一定要帮忙。"这个时候，他带来的几个女同志开始帮着他说话了。

我看着他可怜的样子，不好拒绝。但是，不是看他是和我一个地方的人，我是可怜那个躺在重症病房里面的老人。"你知道孩子在哪个班吗？""不知道！""孩子知道你的名字吗？""不知道。"还真的是一问三不知啊，这个爸爸活该被孩子拒绝。"你怎么这么不关心孩子，不管你们过去怎么样，也应该善待孩子，这是你的责任。""校长，我老公是个老实人，我们很乐于带好他，只要他愿意，我们随时欢迎他和我们一起生活。"在这番话里面，我能够感受到孩子的后妈还算可以。好在，一个学校的学生，通过学籍系统一查，就知道了是在哪个班级。

班主任谭老师领着孩子来到我办公室，看见爸爸后他一言不发。"他是你爸爸吗？"我小心翼翼地问我的学生，他点了点头。"你爸爸，想喊你去见一下在重症病房的奶奶，你去吗？"小彭同学，低着脑袋继续沉默。"去哦！""奶奶也不去看啊！""看一下，我们就送你回家，等下带你去买吃的！"旁边的三个女同志，七嘴八舌的。可小彭同学没有丝毫反应。"谭老师，你打电话给小彭的监护人，核实一下情况。其他人都出去一下，我和小彭谈谈。"我看了这个情况，知道只能私聊了，否则没有办法打破这个僵局。

"是不是很恨爸爸？"我抚摸他的头问道。他重重地点了点头，泪水夺眶而出。

"校长，我恨他，他在我很小的时候就不要我，妈妈带着我长大，很辛苦。后来妈妈也出去打工了，也和别人结婚了。我现在一个人跟着外公外婆生活。"一个十岁的小男孩边说边哭泣，"都怪他，不然妈妈也不会跟别人走了，我也不会一个人在家里。我看见他就讨厌。"

"小彭，我理解你心里的恨，但我想问你，你恨你的奶奶吗?"单亲孩子心里的痛还真的不是我们可以体会的。

"不恨，她很好，偶尔会来看我!"

"那你可不可以把对你爸爸的恨暂时放下，去看看你奶奶。我估计这个时候，你的奶奶很想看到你。作为舲舫中心小学的孩子，应该懂得爱恨分明，懂得知恩图报!"我看见他思索了片刻，点了点头。

"但是，我不想一个人去，我想要我的外公外婆陪我去，或者另外一个人带我去!"

"我知道，你是不想和你爸爸单独待在一起，好的，我让一个阿姨带你去。然后，我把我的电话号码给你，如果他们为难你，你打电话给我，我马上来接你。你放心，我是你的靠山，明天我到班上来看你。"小彭同学接过我的电话号码，点了点头，擦拭了眼泪跟着其中的一个女同志走了。走的时候，我一再交代他爸爸，不要靠近他。让他安安静静去看他奶奶，不要再去触动孩子那根伤心的弦。

当今社会，单亲孩子成了一个不小的群体。这些孩子心理的痛，不是我们能懂的，这需要父母双方引起高度重视，人的健康，其中心理健康尤为重要。人一旦决定了结婚，就要负起责任，为了孩子的幸福，父母做出一些牺牲，也是值得的！教育好学校的每个孩子，任重道远，需要家庭、社会、学校的齐心协力。我也要兑现自己对小彭的诺言，第二天去班上看他，做孩子心里的那座靠山！希望小彭同学，未来幸福快乐！

孤儿不孤单

孤儿是一个特殊的群体，他们有国家的关爱，物质生活不差，但是严重缺乏心理安全感，行为比较极端。其实在 2015 年，我通过"成长爸爸、成长妈妈"活动，认识了小蔡。他的父亲在他五岁的时候被电死了，他妈妈在 2014 年患癌症客死意大利，他原本学习习惯就不好，家庭的变故让他变得更加自暴自弃，好端端的校服被他画得不堪入目。付小波主任把他安排给我，一方面是因为其他老师都不乐意和他结对，另一方面也是源于当年的一个承诺：小蔡，今后我就是你的靠山，有什么事情随时找我，我们现在开始就是一家人啦！只要你认真读书，干爸一直陪着你，不管今后如何，我定会信守承诺！后来，因为经济压力，他被我转到了县城的云阳中学读书，于是他学校所有的事情，我都担起了责任，在他的老师心目中我就是他的监护人。直到今天我们依然非常亲近，虽然他还有姑姑和奶奶，但是每当他遇到不开心的事情总是会第一时间与我分享，遇到困难也会找我帮忙，连过生日也是喜欢和我一起过。很多人问我，他是负担吗？我说他不是负担，他和我都是彼此精神的支柱，每当我遇到困难的时候，我会想起他，他的人生如此艰难，却乐观地生活着，我所遇到的困难算什么呢？我时常教育他，读书不行，做人一定要行，不能成为坏人。他说："干爸，放心，我不会干坏事给您丢人的。"这么多年过去了，他坚守了自己的承诺，从来没有给我抹黑，我期待有一天，他能成为我教育生涯里的骄傲！

来到舲舫中心小学，通过摸底，我发现有4个孤儿。对于他们的教育，我一直放在心上，但是我更加希望有爱心的教育人士来认领他们，给他们心理上的依靠。一次偶然的机会，我和左梦飞老师说起这个事情，他欣然答应，并且很快组建了一个爱心团队。他们通过探视、写信、打电话等方式与孩子们建立联系。从答应那天开始，左梦飞老师的爱心团队就多次来到学校及孩子的家中进行交流。

2018年6月1日下午，在由省教科院左梦飞、贺家土学校黄建佳书记、株董路小学罗铁副校长等爱心人士组成的爱心团队的支持下，株洲市茶陵县舲舫中心小学李文凯、彭辰辰两位教师带领我校4个孤儿来到长沙市，这几位孩子过了一个不一样的"六一"儿童节。据了解，这几位孩子之前从未出过茶陵县城。一路上，孩子们都非常兴奋，行驶在高速路上，看到大卡车、看到高楼大厦和一些富有特色的建筑时都忍不住惊呼。

当天赶到长沙已是傍晚，左老师让孩子们在酒店稍做整理后，便带孩子们去肯德基吃晚餐，随后又带他们去电影院看电影，无论是吃肯德基还是到电影院看电影，对孩子们来说都非常新鲜，因为这是他们第一次享受这些。回到酒店已近凌晨，在老师们的安排下，孩子们进行洗漱、休息。

次日，左老师带孩子们吃完早餐后，便带他们来到湖南省博物馆参观，左老师带着孩子们一边观看，一边给他们做介绍。孩子们看到一幅幅精美画作时都忍不住发出惊叹。看完画展后，孩子们来到留言墙，把自己想说的话写在上面，留下自己的足迹。

接着，左老师又带孩子们参观了收藏在博物馆内的马王堆汉墓的文物，让孩子们了解古代历史。参观过程中，左老师一边为孩子们做介绍，一边解答孩子们的疑问。

参观完省博物馆后，左梦飞爱心团队成员带着孩子们到极具湖南特色的火宫殿吃午餐，让孩子们品尝当地各种特色小吃，午餐过程中，爱心团队成员都对孩子们照顾有加，让孩子们尽情品尝各种特色美食。

吃完午餐后，左老师又带着孩子们到新华书店买书，让孩子们挑选自己喜欢的书籍，并叮嘱孩子们要好好看完这些书籍。阅读滋养生命，对孩子们来说，多看好书有益于开阔眼界，提高文化素养，有助于形成正确的世界观、人生观、价值观。

下午，孩子们向左老师及爱心团队表达感谢后，依依不舍地告别了长沙，两位带队老师带着孩子们踏上归途，并最终将他们一一安全送回家。

在这短短两天里，孩子们有了不一样的体验，相信这也会给他们带来不一样的收获。最后，再次感谢左梦飞爱心团队带给孩子们的关爱，也感谢两位带队老师牺牲周末假期的全程陪护，谢谢你们！

电视机的故事

在当今时代，电视机应该是非常普及啦！孩子沉迷电视，是很多城市父母最头痛的事情，但是小美十岁了，从来没有看过电视，这说出来也许很多人都不相信。小美两岁的时候父亲疯了，一年四季不见人，妈妈是外地人，见她父亲疯了也跑得不见人影了，从此她就跟着爷爷奶奶过日子。我认识她是通过她的班主任向老师。

2017年底，我和我爱人选择了学校最贫困的三个学生家庭进行走访，大年三十的时候，我们一家三口，带着零食和新衣服前去一一走访。向老师带我们去小美家时，不断和我们描述她家的困难，要我做好准备，我还真没有当回事，因为我觉得现在的农村家庭，再差也差不到哪里去。但是当我走到她家时，还是惊呆了，在政府扶贫政策的支持下，政府帮他们建了一栋房子，但是没有钱装修，新房子很简陋，家里的陈设更是破烂不堪。尤其当我看到小美的时候，满头的虱子，应该很久没有洗过头发了。好在我爱人不嫌弃，为她整理了头发，换上了我们买的新衣服。小美顿时变得笑容满面，但是她没有和我们说一句话，不管她奶奶如何说，她最多就是笑一笑。我很好奇地问她老师："斌斌，她平时就是这样不爱说话，还是因为她怕我们？"还不等向老师回答，她奶奶就说道："校长老师，您不要在意，她自从妈妈不在身边后，就很少和人说话，也不和村里面的小朋友玩，我和她爷爷事情多，也很少和她说话。""是的，她的数学成绩不差，但是语文成绩很差，从来不回答问题，也不和同学们说话。"向老师接着说。"原来如此，这是典型的交际障碍"。我把她奶奶拉到一边，"她平时喜欢看点电视吗？""校长，不好意思，我们家没有电视，她也不会去别人家里看电视。"她奶奶摇了摇头。我回头一望，看见我爱人和她在嘀咕什么。她好像特别喜欢我爱人，也嘀咕了两句。因为到了大年三十下午，时间比较紧，我们便往回走。在路上，我爱人和我说，小美最大的愿望是希望有一台电视机，家里太安静了。是呀！在这样的家庭环境中，虽然有爷爷奶奶的爱，但是没有任何人交流，内心肯定是极其压抑的。"过完年，我们送一台电视机给她吧，让电视机给她做伴，让电视机去与她交流。"我爱人提议道。我认为很有道理，电视对于别的孩子来说得少看，而对于她来说应该多看看。

　　开学伊始，我带着她和向老师一起到集市上去买电视机，我让她自己选了一台很卡通却不贵的电视机，我一再交代卖电视机的人，一定要确保能够正常收看到电视节目，有问题要及时去维修。卖电视机的人得知是我私人赠送，最后以非常优惠的价格卖给了我们，并一再承诺服务到位，或许这也是爱的一种传递吧！一转眼，快期末了，"校长，你认识我吗？"一个小女孩笑着问我。这么多学生，而且他们都长得特别快，我一时半会儿还真没有想起来。"校长，我是小美，我奶奶说要送一只家里养的鸡给您吃！"看着眼前的小女孩，我无法和那个满头虱子、不善言辞的小美联系起来。"谢谢小美，也谢谢小美的奶奶，校长帮你是应该的，只要你开心就好，鸡就留着你们自己吃啦！""我觉得小美真的该谢谢您，现在咱们的小美是爱说话的小女孩啦！"刚好路过的向老师说道。

在乡村教书，遇到生活困难的情况比城里多得多，但是在乡村教书，教育带来的幸福感不会比城里少。遇到我们，也许这些乡村孩子还是难像城市孩子那样轻松考一个好大学，但是至少我们可以让乡村孩子的成长过程更加美好。

杰出源于激励

某天上午接到我姨父的电话，他调侃我说："谭校长，忙什么呢？""呵呵！姨父又在臭我啦！""不是呢！今天我是作为一个家长来表达心声的，杰杰今天在我面前显摆，他说他获得了'骑士'勋章。"电话那头姨父有点点嘚瑟，"还不错，现在他在家里表现也很好，讲礼貌，回来就做作业"。听到这位"家长"的表扬我挺高兴的，要知道我这个姨父最大的优点和最大的缺点都是性格直爽，是与非面前他从来都不会给任何人面子。

姨父嘴里的杰杰就是他孙子，名叫谭杰，是在我姨父万般宠爱中长大的一个小男孩。谭杰是在我的鼓动下转来世纪星学校读五年级的，过去最大的毛病就是不讲礼貌、不讲道理、作业拖拉。现在，他在 0906 班，在陈老师 2 个多月的精心教育下有了很大的变化，每次看见我都会主动问好，原来他对我从来就是视若无睹的，现在上课也能够积极回答问题，在我的品德课上，他也多次发言；在上周省专家送培的课堂上有三次发言，每次发言他的脸上都洋溢着自信与阳光。

谭杰的变化我是看在眼里，喜在心头。因为我是跟姨父立下过军令状的，一定要让谭杰变得真正杰出。前些日子，我跟姨父"汇报"时，我把谭杰的进步归结于是陈老师的认真与负责。但从今天的电话中，我有了新的发现，谭杰的变化不仅仅是因为陈老师的认真与负责，而是陈老师对学生所运用的评价机制在激励着谭杰自主变化。教育评价是激发学生自我不断进步的原动力。我没有去深入了解0906班的评价机制，但是从前面两次王晓凤老师的数学磨课评课中，陈老师提出关于小组捆绑评价建议，让我意识到他很关注学生的评价这一块。我一直在想，如果我们老师动不动就骂学生，那我们教出来的学生肯定也会骂我们老师；如果我们老师对学生的成长漠不关心，那我们教出的学生也会对我们老师漠不关心，对学习漠不关心。我始终坚信：有怎样的评价就会塑造怎样的学生。如果我们的老师坚持功利性评价，则会造成评价内容片面、手段单一、过分追求分数、忽视学生的内心感受等问题，最终导致"高分低能"者比比皆是。在新一轮的课程改革中，倡导"立足发展，促进发展"的课程评价。其目标是培养适合时代发展的身心健康、有知识、有能力的创新型人才。

杰出源于激励，学生的杰出源于我们老师的激励性评价，陈老师已经在路上，我们是准备当观众，还是准备出发呢？

你真的要回来吗？

我是听刘老师说你走了，你走的那天，我正好去株洲参加一个考试。听说你走了，我心里一阵窃喜，不是我这个人喜欢推卸责任，而是我心里确实很希望，你能在新的环境中有所改变。

读六年级的你，是我们学校所有老师眼里的问题女孩，你是一个喜欢捉迷藏、玩失踪的人。去年，一个星期一的下午，你离开学校后没有回家。你的班主任陈老师一夜无眠，所有关心你的人，为你提心吊胆，我也一夜无眠。学校走丢了一个女孩，虽然是放学回家后，但是这是一个鲜活的人啊，我怎么能睡得了。第二天早上，你在攸县打来电话，说一个男人绑架了你，你偷着出来给家人和老师打电话。结果，你顺利回来了。回来就好，我们选择相信你的话，虽然觉得有点传奇色彩，但还是宁愿相信你，因为你的回来，让我们松了一口气。后来，你的班主任带着你家长和你的保证书来到我办公室，大家爱护着你，给你机会，我也没有多说。后来的日子里，你不是说感冒了要请假，就是说自己病得很厉害要请假。班主任的教导，任课教师的谈话，父母亲的眼泪，丝毫没有改变你的行为。

上周四，你再次和我们捉起了迷藏，放学不回家，在网吧待了一天一夜，我不知道那网吧的老板怎么会让你待着，我憎恨那些没有良心的网吧老板，但我更气你。在你失去这么多次改过自新的机会后，班主任和学校建议你转换环境。我听说，那天是你妈妈陪你来办的手续，你一句话也没有说，跟着你妈妈离开了。

我以为，你就这样走了。可是，你又回来了，这次是你和爸爸妈妈三个人回学校来的，你们直接到了我的办公室。我不认识你们，但你妈妈的那句"领导，我们孩子还是要在这里读书……"让我知道了你是谁。你的父母看上去是很朴实，像是农村的，而你看上去却很时尚，那神态俨然是一个典型的城市小女孩；你父母亲陈旧的衣服也与你的穿着形成了鲜明的对比。你父亲一再承诺会严格管教你，还说让你妈妈不做事，专门看着你。你母亲也一个劲地承诺每天接送你回家，陪你做作业。而你，神情自若地观赏着我办公室里的国画，好像这一切和你没有关系。你父母亲说你要回来，你真的要回来吗？未能得到我肯定的答复，你头也不回地走了。整个过程，你一言不发，其实老师很期待你能流着眼泪说要回来，即使没有眼泪，你也该说一句话呀！没有，什么也没有说就来了，什么也没有说又走了。你的父母亲只能说，改天再来。

面对学习习惯差的学生，我从来是选择宽容与等待。但面对这个喜欢玩失踪的女孩子，我很心痛。除了心痛，我还惧怕。我怕，怕哪天她又玩失踪，导致我们的老师和管理人员被处分，甚至因此失去工作。这不是自私，在现行制度下，我们不得不小心谨慎。如果家长的保证书（保证孩子失踪不追究老师与学校的责任）具有法律效力的话，我还是愿意她回到那温馨的集体，毕竟那里有在一起学习了五年半的同学。从心底里，我希望她能回来，回到人生的正确轨道上来！

孩子，我想让你苗壮成长

给六年级上"我的身体我做主"这堂课，源于我去年到郴州学习的一次听课，我听完这堂课以后，就有这样的一种使命感，我觉得我们这里的孩子缺乏这样的教育，在我们很多老师还不敢揽这个瓷器活的时候，我觉得我应该有这份责任！

在年级组长周老师的安排下，我为六年级的180多名学生上了这堂课。上课前，我总是很担心学生会很羞涩，课堂很难继续。于是我叫来了学校的杨老师摄影，我告诉同学们要好好表现，我会把这节课录制下来。这一招对我的课堂组织起了很大的作用。结果，我发现我的担心有些多余，在问及自己身体变化的时候，同学们都是很从容地回答着、很认真地记录着。于是，我也坦然了很多，说明我们的家长在这个方面还是做了很多的工作，比如女生在回答自己身体变化的时候说："每个月我的好朋友会准时地来一次。"在问到哪些地方不能让别人随便摸的时候，一个男孩子回答："命根子。"一个女孩子回答："隐私部位。"一堂课下来，学生都能够用比较文雅的言语来说出要表达的东西。

当我问到学生这节课你有什么收获时，小手刷刷地举了起来，女孩子们说收获很大，她们知道了自己身体的变化，知道了未来自己的身体还会有哪些变化，还知道了该怎样保护自己的身体。

昨天的教育只是一个启蒙，后面还有很多的工作要做，我想只要我们的老师本着为了学生的健康成长服务的原则，认认真真地上好生命与健康课程，孩子们一定会感激我们的。

怎么又是他？

"这个孩子我真的没有办法。"吴老师领着一个衣着整齐的小男孩，来到我的办公室。吴老师是一位经验丰富的班主任，她竟然把他带来我这儿，说明问题很严重。"什么事？"我放下手上的活儿，示意吴老师坐下。"谭校长，这个孩子上次和另一个同学，偷了一年级同学的35元钱……"从吴老师的言语中我大概了解了事情的原委。这次他妈妈发现他口袋里又有50元钱，他妈妈问他，他不作声，吴老师问他，他也不作声。这是一个很棘手的事情，我心底盘算着，说："吴老师，让我跟他单独谈谈吧！"

关起门后，我们两个人一言不发。我想先让这个严肃的环境稍稍震慑一下他，同时我心底也盘算着怎么和他开始谈话。"能和老师说说你的爸爸和妈妈吗？"我抬头看了他一眼问道。"爸爸、妈妈？"他感到有些意外，"爸爸在外做生意，妈妈在家带我和姐姐……""你家住在哪里？""在建材市场。"那是我们这里的一个富人居住区域。"你记得你爸爸、妈妈的生日吗？""爸爸是9月3日，妈妈是7月2日。"我心底一喜："你是一个有孝心的好孩子！"我表扬他的时候，他的眼泪也快出来了。"不要哭，我讲个故事给你听吧！20年前，一个烈日炎炎的中午，两个小男孩被菜地里的黄瓜吸引了，他们决定去偷两条黄瓜吃，得手后，高高兴兴地去了学校。放学回家经过菜地时，看到两个大人在打架，一问才知道他们是为了菜地里丢了的两条黄瓜。你感受不到黄瓜在那个年代的重要性，此时，一个小男孩害怕极了，他在心底发誓再也不去偷东西了，另一个男孩却开怀大笑，说真有味。"又是长时间的沉默，"你也许猜到了其中一个男孩子就是我。""你想知道我另外一个伙伴现在在哪里吗？"又是长时间的沉默，"他因为在广州犯了盗窃罪蹲大牢去了，一个人在生活中总会犯一些错误，不要怕，改了一样会健康成长，不改只会越变越坏！""老师我说……家里人会给我很多吃的，但从不给我钱，看到别人的钱我就想拿……"

看着泪流满面的他，我会心地笑了，我知道这个孩子今后一定不会再拿别人的东西了，他一定会健康、快乐地成长。

从欠作业说起

走到五年级（3）班教室门口，就听到孩子们甜甜的叫声，"看，谭老师来了！""谭老师好！"……说真的，我很享受孩子们用这样期盼、喜悦的语气叫我谭老师。

"上课了，你们怎么站在后面啊！"我看到有几个学生站在教室后面，"谭老师，他们欠作业。"一群孩子争先恐后地告诉我。"到座位上去吧，不过我不喜欢欠作业的人，你们还是站在座位边吧。"我说道。

原来，我是准备上《做一个合格的小公民》这堂课，要求学生做两个活动，一个是与家人签合同，学会互相监督，还有一个是给学校提建议。但是，我想这节课还是从欠作业的话题开始吧！

"同学们，做一个合格的公民，应该先做一个合格的学生。今天的课，就从欠作业说起。你们知道做学生的权利与义务吗？"

罗琴站起来认真地说："我们的权利是读书，义务是读好书！"多聪明个孩子啊！我很喜欢她，每次发言都很积极。

"说得好，那我们怎样才能读好书呢？"我环视着那些站着的同学，"哪位同学愿意来说说，说的时候注意不要重复别人的话。"

"不欠家庭作业！"谭伟琪大声说道。

"上课认真听讲！"董艺轩认真地说道。

"多看课文多阅读。"罗志伟落落大方地说。

……

"同学们，说得好！我想让站着的同学也来说一说。"我走到丁婷面前，"你能告诉老师，还有什么方法吗？"

丁婷皱起眉头，想了一会："老师，还有要认真完成任务。"

接着，我让站着的几个同学轮流都说一说。"同学们！你们记得住他们说过的话吗？今天，老师要所有的同学，记住站着的几个同学刚刚说的话。你们知道为什么吗？"

"老师，你是要我们学会聆听别人的话，不管说话人的表现好与坏。"我的女儿谭琪接着我的话说。

颜寒媚说："老师，你是要我们说到做到。"

谭润说："老师，你要我们监督他们，说话要算数。"

"同学们，说得都很好！完成老师布置的任务，是对老师的尊重，也是自己做一个合格学生的基本要求。今天的课就到这里了，我布置的任务是，大家把《品德与社会》的39—43页，看一遍。"

"啊！就下课了……"

"是啊！打铃了，你们的班主任在外面等着呢！"

……

针对习惯不好的孩子，给予适当的惩罚教育，我认为是很有必要的。我们不要总是被所谓的人文关怀绑住。我想真正的人文关怀，应该是关心人的成长与文化发展，而不是以个人为中心的、只关心身体健康的狭隘的人文关怀。我想，教师要做的是把握好这个人文关怀的尺度，捍卫我们手中的批评权。我们可以理直气壮地说:"我的课堂我做主!"

爱讲小话的他

一个炎热的下午,一个手持一串车钥匙的男人,带着一个拎着书包的小男孩,走进了我的办公室:"谭校长,我的孩子要转班!"

"转班?"我心里想,在我们学校要转班几乎是不可能的,虽然每个年级有几个平行班,"为什么要转班呀?坐吧,坐下来说。"看着气鼓鼓的家长,我没有将心里的话讲出来。

"他班主任说要他转班,我看就转班算了!"坐下来的他,还是在生气。

"孩子,你出去等一下!"看着低着头,拎着书包的小男孩,我说:"我先和你爸爸谈谈,好吗?"一声不吭的他,头也不回地走出了我的办公室。

"首先,我可以肯定地告诉您,转班在我们学校是没有先例的。您想想,哪个老师愿意接受你的孩子呀!您最好和我说说是怎么回事,看我能不能给你孩子帮助。"看着孩子走出去了,我口气很硬地对家长说。

"这个我还是知道,刚才我在书记那里说了一会儿,他也是这样说的。其实,也不是什么大事,不争气的东西上课讲小话,数学老师意见很大,班主任说不改就转班。我们夫妻俩都在上班,哪有时间为这个事折腾啊!"慢慢地,手持车钥匙的男人,心情平静了一些:"其实这个学期,在周老师这个班,成绩还是好了很多。

转班，说真话，我还是不想转，只是没有办法了。"

"就为这事啊！老师只是吓一吓他，您别当真，不过您要好好配合老师的教育，知道吗？"知道了缘由的我，心里有底了。

"自己的孩子，我还有什么不配合的啊！我当时就打了他。"他的声音越来越小。

"不是要你打人，我们不就是要孩子上课不讲小话吗？您坐在这里，我和他谈谈，待会儿我要您做什么您就做什么，好吗？"对面的男子不停地点头。

"你进来吧！"我大声地朝外面叫道，"你的事我已经知道了，上课讲小话。"

"不是我讲，是别人找我讲的，我上课从来不主动讲小话。"沉默很久的他终于开始习惯性地狡辩了，我想如果不是因为他做错事喜欢狡辩的话，周老师早就搞定他了。

"你这样的狡辩在我面前是没有用的。"对待这样的学生，我不能采用有话好好说的教育方式，"如果是别人找你讲小话，那今天就不是你的家长到学校来。每个人都会有缺点，但一定要正视，而不是狡辩，你说呢？"

他又开始了习惯性地沉默，我也不理会他，继续做手上的活儿，我想看是他站着累，还是我坐着累。

"老师，我错了！不该上课讲小话。"也不知道等了多久，但我还是等到了他的话。

"有错？那你倒是说说，上课讲小话对自己、同学、老师、你爸爸有哪些危害？"我想还是得引导一下他，让他说说上课讲小话的危害才行。

又经过一会儿的等待，他开始说起来了："对自己，上课讲小话就不能听到老师讲什么；对同学，会让同学也不能听课；对老师，老师会发脾气，觉得我不尊重老师；对爸爸，爸爸会生气、打人。"

"读五年级的你，能说出这番话来，一是说明你的语文成绩、表达能力还是很好的，二是说明你认识错误还是很深刻的。那你说说，今后该如何克服这个毛病，说具体些。"虽然我不知道他今后会不会变，但我看得出他至少现在还是想改正自己毛病的。

又是一阵等待，我想这样让别人真正思考的等待，还是很值得的。"上课，自己想讲话时，就提醒自己讲话对很多人有危害；同学找我讲话，我不理，下课给他说说讲小话的危害。"看得出为了回答我的问题，他是很认真地打了腹稿。

"说真的，你是一个很优秀的孩子，待会去周老师那里，写个保证书。保证书里首先要写讲小话对自己、老师、同学、家长的危害，然后要写怎样克服这个坏毛病，好吗?"到了这个时候，我觉得还是要表扬一下他了。看到孩子走了，我对一直坐在旁边的家长说："待会儿您一定要去周老师那里去感谢她。您想想，孩子有问题，周老师能及时想办法解决。如果老师听之任之，孩子就会变坏。今天您耽误这点时间，应该是值得的，钱是赚不完的，您可以慢慢赚，但孩子只有一个，教育是等不起的，您觉得呢?"

"校长说得极是，刚才是我不对，孩子让你们费心了，我这就去周老师那里。"他朝我弯了弯腰，走出了办公室。我知道他是在用这种朴实的方式向我表示谢意。

　　每个人都会有小毛病，更何况这些小学生。我们的教师、家长就是要不断地帮助他们，修正存在的缺点。改变一个孩子的不良习惯，需要家长、老师不断的坚持和帮助，不可能和他们说说话就能改变。但我们真的不要生气、不要着急，因为我们本来就是为孩子成长服务的，孩子们也是在不断地犯错中慢慢长大的。

孩子们，请陪我一起流眼泪

寄宿制学校都有晚自习，有一天晚上，我决定和孩子们看一场电影《唐山大地震》，这部影片我看了三遍，每一次都是泪流满面。这是一个很好的教育孩子的题材，我想让学生看看别人如何面对灾难，如何面对生命的挫折，如何看待亲情。

看完电影，孩子们并没有像我想象中那样泪流满面。当女主人公歇斯底里地骂道"老天爷，你是一个混蛋"时；当别人要求母亲做出选择只能救一个人的时候，母亲歇斯底里地喊着"救两个，两个都要救"时；当失散32年的女儿朝母亲深情一跪时，我们有很多孩子竟然在笑。我心里突然一颤，很久都难以平静，我教的孩子这是怎么了？于是原来打算写《我陪孩子们一起流眼泪》的题目也改成了《孩子们，请陪我一起流眼泪》。

我知道教育不是万能的，偶尔出现这样的情况也应该是可以理解的，可是我不甘心。挫折教育、情感教育是不是渐行渐远了呢？下课，我找到了这些学生，学生的回答让我有些意外，他们跟我说电影都是假的。假的？我想孩子们不仅仅是怀疑电影里面的故事是假的，而是看到别人有困难时在潜意识里会觉得那是假的。

213

挫折与困难教育的缺失让我们的孩子有理由相信，那些真实的灾难是假的，那些真正需要帮助的人是假的，那些动情的场面是假的。因为现实生活中，他们被自己的家长宠坏了，在同学面前受了委屈找老师讨公道，被老师批评了找家长向学校讨公道，教师对学生的惩戒教育因此无法进行。我们的孩子只会一味求助别人，而不知道自己该如何面对困难。

电影中方登因为母亲在关键时候选择救弟弟而憎恨自己的母亲32年，每次梦中她都会梦到自己的爸爸妈妈不要她，憎恨让她失去了对母爱的信任。她是不幸的，但又是幸运的，她有一对爱她的养父养母。养父处处宽容，养母疼惜照顾，男朋友对她呵护有加，并在关键时刻要她堕胎，这些都体现出不一样的爱。在孩子和学业中，方登选择了孩子，养母在焦虑中病逝，养父在等待中老去，面对这些，方登还是没有解除心中的情结。"救弟弟。"母亲的这三个字，让方登一直无法原谅自己的母亲。32年后，方达和方登在汶川地震抢险中相遇。当方登在汶川地震抢险中亲身历尽、感悟到了母爱的伟大后，她突然释怀了对母亲的恨，跪在妈妈面前说："对不起，我不该折磨自己32年。"

我觉得故事可能是虚构的，而情感是真真切切的。母爱的伟大在我们六年级孩子的眼里变得理所当然。父爱、母爱、友爱、爱情在这部影片中都得到了很好的诠释，不管故事的真假，我相信这爱一定是真的！

我无法让所有的孩子相信困难其实离我们不远，我也无法让每个孩子都动情痛哭。但我会尽全力去告诉他们，灾难是真的，困难是真的。我不希望看到孩子们装着一颗麻木的心，我需要教会孩子们在感人的场面流下眼泪，流泪需要勇气，更需要真情！我没有更好的办法去引导他们，唯有继续创造情景让孩子们陪我一起感动、一起流泪。

下雨时没有伞跑得更快

在办公室和几个老师闲聊，说到"富不过三代"和"自己的孩子不好教"这两个话题，想想原本这两个没有什么直接联系，但细细想来这两个话题还是有很多异曲同工之处，"富不过三代"和"自己的孩子不好教"都是因为我们有能力给孩子一把遮风挡雨的伞。其实，下雨时，没有伞跑得更快。

这些天雨下得很多，在雨中，走得快的不是那些撑着伞的人，而是没有伞的人。因为在苦难面前没有保护伞，就只能奔跑。付主任曾经的一位同学，因为有一位好叔叔，于是他去了当时茶陵最好的初中教书，这让他们的同学羡慕不已。但得来容易，失去也容易。他去了那里以后不是好好教书，而是好好打牌。小赌出了事情，因为有叔叔帮衬，平安了一阵子，之后，又走上了新的赌途。叔叔的帮衬变成了他的一把伞，无论风雨，他在伞下丝毫无损，最后的结果可想而知。

一天到一个朋友家里吃饭，朋友说自己的女儿什么都不要干，只要读读书，然后找个稳定的工作就可以，而且无论女儿以后在哪里工作，他都准备给她房子和车子。他让女儿不要去拼什么，因为他赚的钱够她花一辈子了。果真如此吗？有钱花的日子就是真正的好日子吗？（不过没钱的日子肯定不是好日子）你的钱真的够她花一辈子吗？我想不是，因为你知道钱来之不易，所以懂得珍惜。但如果孩子不懂得珍惜，哪怕你富可敌国，用不着一年的时间她就能挥霍完。我见过一个朋友的孩子两天内输掉了200万。你理解的可以让她花一辈子，是按照你花钱的速度来计算的。如果我们的孩子有这么一把金伞，他还会在风雨中奔跑吗？我想不会，他只会觉得自己不需要拼搏，也从来不会感受到工作的幸福，慢慢地，也就感受不到生活的快乐了。

　　一位朋友来办公室找我聊天，他是茶陵县有名的教师，但谈到自己的孙子，他表示非常无奈。他感叹自己一辈子教出过这么多好学生，却教不好自己的孙子。其实他不是没有教育的能力，而是没有能力拿掉孙子头上的伞，因为给他孙子伞的人是他的妻子、儿子和儿媳妇。孙子在这些人撑起的雨伞下，肆意妄为，不亦乐乎。只要拿掉这把伞，这聪明的孩子一定能够好起来。

　　作为家长，我们真的应该拿掉顶在孩子头上的伞，让孩子们在雨中去奔跑，不惧摔倒，不畏淋湿。我们要坚信奔跑能强健他们的身体，拼搏才会达到成功的彼岸。

成功一定有办法

　　昨天晚上，我一直在琢磨着，今天四年级"成功一定有办法"这堂课应该怎么上才能让学生学有所获。教材是左帅主编的，活动设计得很好，但是学生早就把书看了，继续做书上面的活动，不能吸引学生。于是，我想换一个活动——"竖鸡蛋"，让学生在活动中去找成功的办法。

　　一上课，同学们看着我带来了一盆鸡蛋，都非常好奇。胆大的同学问："谭老师，是不是等下上课表现好的，有鸡蛋奖励呀？""等着吧，鸡蛋会有吃的，看看你有没有本事。"我笑着回答。

　　一上课，我布置任务"竖鸡蛋"，我把他们四人一组分好，一个组长负责保护好鸡蛋，一个人负责记录过程，其他同学动手。一开始，有同学把鸡蛋横着放稳了，嚷着要我检查，我笑着说："活动是竖鸡蛋，不是横鸡蛋，继续努力吧。"闹哄哄的教室里面，到处是"你不行，让我来""等下，让我再来一次"。急躁的心情，使得没有一个小组能够完成任务。胆大的学生又开始向我发难："老师，您要我们，您竖一个给我们看看！""不好意思，我不会，我没有你们聪明，你们继续努力吧！""我们是不是碰到了一个大忽悠呀？""别乱说，小心校长老师会罚你。"兔崽子，说我是大忽悠，童言无忌，由着他们议论吧！

喧闹的教室，慢慢安静下来了，同学们不再急着完成，而是相互鼓励"不要着急！""我们觉得你能行！"。指责变成了鼓励，失败也在慢慢变成成功。"老师，我们的竖起来了！"全班同学再次沸腾了，一起围观。我赶紧采访了这个小组，让他们分享成功的经验。"老师，我们觉得，首先不要着急，失败了不要放弃，坚持做，一定能够成！""我觉得认真、细心很重要！""我觉得要竖好，得多想办法！"这个小组的成员纷纷发表了自己的意见。"同学们，他们小组的经验很好，你们就按照他们的经验，继续竖鸡蛋吧。"一哄而散的同学们，又回到各自的小组忙活开了。随着时间的推移，第二组、第三组、第四组……都陆续竖起了鸡蛋。"同学们，成功一定有办法，你们告诉我，你们竖鸡蛋成功的秘诀是什么？""坚持！"同学们异口同声地告诉我他们悟出的道理。"是呀！在通往成功的路上有一条河，它的名字叫放弃，这条河上有座桥，它的名字叫坚持。克服一次困难、实现一个目标，都是一次次小小的成功。"

我坚信"坚持"的种子一定会在肥沃的土壤里生根发芽，它也一定会陪着我和我的学生慢慢成长，直到有一天绽放出绚丽的花朵。

和我一生最重要的学生聊电影《孔子》

女儿是我的学生，我教了她两年，她是我一生中最重要的学生，所以对于她的合理要求，我总是创造条件去满足。很久没有去电影院看电影了，我承诺了女儿，如果期末考得好，就带她去株洲看电影。她很钟情《喜羊羊与灰太狼——虎虎生威》，我很想陪她，可当时还有一部电影《孔子》正在上映。想去看《孔子》这部电影，源于我一个好朋友给我介绍了里面的主题歌《幽兰操》。歌曲很有意境，我想电影也会不错。最后，不得不委屈她妈妈陪她看动画片了。两个半小时的电影结束了，她们满脸笑容，女儿一个劲地给我介绍里面的情节，而我却陷入了沉思，为孔子沉思。

女儿看我对她的话题不感兴趣，转而问我："《孔子》不好看吗？""好看啊！你想不想知道历史上真实的孔子啊！我告诉你，下次你可以告诉你的同学哦。"听到她的发问，我很来精神，这不是一个很好的教育契机吗？"历史上真实的孔子？"女儿满脸的得意："我说给您听听吧。他很高，有 1.98 米，会武功。父亲很早就死了，在鲁国做过代宰相。儿子叫孔鲤，因为当时他生儿子的时候，鲁国公送了他们家一条鲤鱼，孔子为了感恩，所以给儿子取了这个名字。后来孔子被人排挤，流浪各国，处处受难，不得志。最后，在他的弟子冉秋的帮助下，他老年时才回到鲁国从事教育、写书。"这就是我看了电影以后，认识的真实孔子，我很惊讶："小丫头，你怎么知道啊?""哈哈，我还知道颜回比他先死，他活到了70多岁才死哦。"儿女得意地说："不告诉您!""小气，爸爸开车走了150多公里，带你到这里看电影，你还这么小气啊!""哈哈!"女儿的笑声像她妈妈的一样有感染力，朋友们都说琪琪只有这点像她妈妈。"告诉您吧，我是在您订的文摘报上看的，您自己还没有看吧!""你厉害! 不过孔子真的不错，在这样艰苦的环境中，有这样大的成就，开始我还不知道。原来，每一个人成功都要付出很多的努力。""是啊! 他要有成绩，当然要努力呀! 孔子不是人啊?"女儿淡淡地回了我一句话，又和她妈妈聊《喜羊羊与灰太狼——虎虎生威》了。

以前，我了解孔子，是通过他的著作与思想，当然我只能说是了解一点点。他的《论语》时隔两千多年，还像一缕阳光，抚慰着我们的心灵。关于教育、朋友、人生的阐述，无人能及。我只关注了结果，却没有了解孔子成长的过程。

在鲁国，刚开始孔子在鲁国公的支持下，一路升到了代宰相，后来孔子的政治改革，触及了权贵的根本利益，遭到了众人的排挤。最后不得不选择黯然离开。在这个圣人极度失意的离开时，他的弟子们也大多抛弃家庭，追随他流浪。面对自己的失败，他很难接受，但颜回的一句话让他幡然醒悟："夫子，您知道自己失败的原因吗? 您就是把自己的理想，全部寄托在鲁国公身上了。

一个人不能改变别人，就要改变自己的内心。"失意的夫子不得不点头赞许。面对卫国夫人威逼利诱时，夫子选择了连夜离开；面对宋国权贵的驱赶时，夫子仍不忘给当地的人传道授业；面对渡口他人的嘲笑时，夫子淡淡一笑；面对弟子们在峡谷中挨饿时，夫子连夜抚琴；面对自己传道授业遭别人围攻时，夫子不忘正道。

"孔子被称为圣人，但毕竟还是人，任何人要成功都必须努力，每个人的思想也都是从青涩走向成熟的。"我家女儿感叹道。

小微信里面的大文章

2016 年 4 月 1 日，从不过愚人节的我真正的体会到了什么叫愚人节。凌晨，一个朋友打电话给我，说到了我家楼下，找我有急事。没有半丝怀疑，我飞奔下楼，可楼下空空如也。追问朋友，朋友笑答："你真下来了？看看今天是什么日子？"朋友笑笑挂了电话。

原以为愚人节就这样过去了，但这只是一个开始，刚刚开始。中餐的时候我在食堂里看孩子们吃中餐。刘老师拿着她的手机微信给我看。1203 班的家长微信群已经炸开了锅。事情的缘由是这样的，上周野炊，李老师因为身体不好需要做手术，请假一周，没有来学校。野炊前，没有安排收野炊的车费。本周返校后，李老师在群里面发布收车费的通知，家长群情激动，纷纷声讨学校的种种不是，几位家长完全掌控了发言权，群里面变成了批斗会，什么学校想赚钱，一个礼拜没上语文课，学校伙食差，等等。在外地的家长，看到此情此景，纷纷表示担心。看完微信，我对刘老师说："你和李老师好好引导一下家长，认真解释。"后来听说，李老师的爱人看着刚做完手术的李老师被家长不断指责，一气之下，夺过李老师的手机，解散了1203班的家长群。

原来想着子弹飞一会儿就会好的我，突然发现有人捅了马蜂窝，我被一位家长拉到了一个新的1203班家长群。

"大家不要着急，校长被我拉进群了，大家有什么就说什么！"

"校长，你们凭什么解散微信群？""你们为什么活动前不收费，活动后收费？""为什么学校一周不上语文课？""校长站出来！""站出来！"……

顿时，我如同被人抓去斗地主了，我只能怀着一种悲壮的心情，舌战群儒。

远在外地务工的家长，面对家长群被解散，面对学校存在的问题，他们感到十分的无力。我承认，被人误解的心理，很难受，我也承认，面对家长的质问，我有太多的惭愧。家长把自己最心爱的孩子交给我们。而我们，给了这些孩子什么？我们能给孩子们什么？我可以肯定地说，我和我的团队，尽了最大的努力，想给孩子们最好的教育。但我也知道，父母不在身边，孩子教育有任何的问题，任何的瑕疵，都是我们教师的不足，都是我们的不对。这就是教育的现实。

对教育完美的追求是我们和家长共同的愿望。很多的家长，都只是想了解事情的真相，很多的家长，只是希望，我们能用心地去教育好他们的孩子。他们不是在乎这区区10元钱的车费，他们在乎的是这份尊重，他们在乎的是这份理解。

远在外地的家长，他们渴望能有一个比较稳定的老师，给他们孩子一份稳定的关爱，让他们随时了解孩子们在学校的情况。

对于学校更换老师的这种现象，他们表示极端的不理解。但从教育规律来讲，一个孩子，如果在小学 6 年都不更换老师，这对孩子其实是不利的，正常情况下两年一换是比较合理的，当然频繁更换教师确实会产生许多不良影响。

俗话说得好，不打不相识。通过和家长近 4 个小时的沟通，我们达成了一种共识。因为，李老师还需要继续休养，所以，学校让原来的班主任卢元香老师回到这个班级，并且让这位县语文学科带头人教这个班的语文。

一周过去了，1203 班家长群，变得非常的温馨。有一位家长原来微信名叫"家长生气中"，后来又把自己的微信名改成了"家长开心中"。家长们也主动把车费交给了卢元香老师。我想家长的需求，也不是太多，家长的要求，也不是太高。他们需要的，只是孩子能够在学校有一个班主任关心、爱护、保护他们，能够健健康康、快快乐乐地成长。

从敌对，到朋友，只需要 4 个小时，也只需要 4 个字——理解、信任。可怜天下父母心，祝 1203 班的孩子健康快乐，希望下次不是家长喊我站出来，而是请我出来。

留守儿童教育手记

"虽然爸爸妈妈在外面打工，不能陪我过生日，但是有学校的老师和同学陪我过生日，我不会觉得孤单！"留守儿童刘嘉怡面对两个香喷喷的大蛋糕显得有些小激动。2017 年 11 月 3 日下午，舲舫乡中心小学 50 名 11 月份出生的留守儿童过了一个集体生日。

50 只生日帽，50 份师生情。我担任舲舫中心小学五年级（3）班道德与法治课教师，我在这个班作了一份调查："孩子们，你最高兴的事儿是什么啊？"大家争先恐后地抢答："爸爸妈妈回家的时候！""最伤心的事，又是什么呢？""爸爸妈妈一回来就说要走！"大家低垂着脑袋，眼神里透露出期盼与渴望。一个班级 45 名学生，就有 27 个人的父母常年不在家。于是我决定开展留守儿童集体过生日的活动来关爱留守儿童。每个月，班主任收集同月出生的留守儿童名单，给他们集体过生日。我的提议，得到了全校老师的赞成。

"祝你生日快乐，祝你生日快乐……"戴帽、点烛、许愿，生日歌应声响起。下午 3∶30，几位年轻老师拿的拿刀，递的递碟，将切好的蛋糕送到这些留守儿童手里。"做梦也没想到，我昨天的生日，今天还能补回来。"三年级（1）班周慧敏同学满满的幸福全写在脸上。这一刻，孩子们可能会永远铭记在心！

"所有老师你们辛苦了，非常感谢你们！我相信群里的大多数家长，都喜欢看到这样正能量的动态！"三年级（2）班李志旭的爸爸第一时间在微信群里回复。当天下午，各班班主任将生日宴会上用手机捕捉到的精彩瞬间发送至各班微信群，激起了学生家长们的强烈反响。"看到孩子们开心，我们也很高兴，谢谢老师！"周志文的妈妈在微信群里发了一个大大的赞。

"留守儿童是父母迫不得已所选择的结果，是家长一份提及就心痛的牵挂。他们真的需要更多的关爱！"六年级的任课老师谭颂勇深有感触。今年下学期以来，学校教师加大了对建档立卡贫困户与非建档立卡留守儿童的走访力度，从心理、生理与物质等方面向他们提供帮扶。并向全社会宣传扩大对留守儿童的帮扶。尤其值得一提的是，曾在舣舫中心小学上过学，现在在外地打工的叶慧青女士，在湖南省教科院副所长左梦飞的校长志愿者团队带领下为关注留守儿童、关爱舣舫学校孤儿教育捐助人民币 7000 元。

留守儿童教育是社会问题，曾经我对留守儿童教育进行了深入研究，为孩子出过诗歌集《诗意留守》。看到这熟悉的留守儿童生日会，让我不禁想起了在世纪星任教时关于留守儿童教育的点点滴滴。

（一）留守儿童关爱教育缘起

2011 年某个周末，一个阴雨连绵的夜晚，原本我想找几个人去打牌娱乐一下，但天公不作美，牌友迟迟不来。我便跑到刘漫林主任家里讨茶喝去了，两个人一壶茶，就有说不完的话。刘漫林主任瘦瘦的，看上去一副柔柔的书生模样，但说起话来却是激情四射，不知道是喜欢他说话的内容还是说话的模样，反正有事没事我总喜欢找他聊天。

那一夜，聊到兴起，忘记了时间，不知何时，他说起了前些天到世纪星学校参加留守儿童生日会的事情。他说很感动，老师的真诚、孩子们的兴奋，无不触动他的心灵，期待我能够好好地把这个事情做下去。由此，话题自然就落到了留守儿童这个话题上，也就打开了我的话匣子：从2011年到世纪星实验学校以来，我便开始关注了留守儿童，我们学校有一群孩子，开学的第一天到学校，直到期末的最后一天才离开。我是一个感性的人，总觉得他们没有人陪着，孤单而可怜，过生日的时候，应该是孩子最想父母的时候。于是，我便号召班主任在孩子生日的当天给他们过生日，我们的班主任特别有爱心，每次的生日蛋糕都是自己掏腰包买，为了鼓励他们的爱心，我除了表扬还是表扬。为了彰显隆重，也为了让这样一群留守儿童感受更多的温暖，每个学期我们学校组织一次集体生日会。

"那你有没有考虑，做一系列的活动，让这个留守儿童活动成为一个品牌，一个德育品牌，让全县的留守儿童受益。"他不紧不慢地给我抛出了这个话题。"是呀！株洲市小学品德工作室的牌子挂在了我这里，我应该要认真思考这个问题，把留守儿童做出一个品牌来。"他的一个提问，给了我一剂强心针。就在这样的一个夜晚，我们拉开了茶陵留守儿童关爱教育的大幕。

后来，他让教育局的黄志刚股长与我一起开展工作，三个人，不知道多少次围绕这个话题进行研讨，甚至争得面红耳赤。别人是三个女人一台戏，我们却是三个男人一台戏。最终，我们确定了问卷调查——根据调查提出方案——组建团队——开展工作的四步走。刘主任把关，我起草问卷调查内容，黄股长负责组织实施了全县的留守儿童问卷调查。从留守儿童问卷中，我们发现了问题，并根据留守儿童存在的问题提出了留守儿童关爱教育工作的"四个一"，即成立一个中心、建好一个网站、开发一套教材、上好一堂留守儿童教育课，做实做细留守儿童关爱工作。

成立一个中心。以株洲世纪星实验学校为龙头，成立"茶陵县留守儿童关爱研究中心"。搭建研究中心和研究点相结合的平台，遴选解放学校、界首中学、平水中心小学、列宁学校、马江中学、腰陂中学、湖口中学、城东学校这8所学校作为留守儿童关爱研究点。各研究点确定研究重点，以点带面，点面结合，研究和开展留守儿童关爱活动。

建好一个网站。以湖南省谭自云网络名师工作室网站（http：//www.tzygzs.com/）为基础，建立茶陵留守儿童关爱研究网站。为教师提供留守儿童教育资源，推广留守儿童关爱研究活动，发布留守儿童成长档案。

开发一套教材。组织优秀教师编写"同在一片蓝天下"留守儿童教育丛书。丛书共4本教材，分小学篇(低、中、高)和中学篇，每本教材分5个章节，每个章节有6个篇章。

上好一堂留守儿童教育课。一是利用已经研讨开发的精品班会课开展留守儿童教育活动。按照联合国教育委员会提出的 21 世纪教育四大支柱——学会求知、学会做事、学会共处、学会做人，世纪星实验学校小学部围绕这四个目标，已经研讨开发了 108 堂班会课，各学校可以利用好这些成品班会课开展留守儿童教育活动，同时继续做好校本研究工作，多创作一些精品课堂。二是开展微课的研究。工作小组共同研究留守儿童微课，举行了茶陵县留守儿童微课大赛，微课的主题是留守儿童安全教育，包括交通安全、防烫伤、防火灾、防溺水、防动物咬伤、防拐骗、防性侵等。

从闲聊留守儿童的生日，到成立茶陵留守儿童教育关爱中心，有我和我团队的努力，也有肖建玲女士的爱心，更有刘漫林主任、黄志刚主任的心血和社会各界人士的爱心，留守儿童的关爱教育工作是"路漫漫其修远兮"，但茶陵教育人定将"上下而求索"。

（二）"成长爸爸、成长妈妈"

2012 年春天，某日，我不记得具体哪天，但我知道那是一个特别热的下午，不知道是心情燥热还是原本天气就热。三个死党刘育康、欧阳兰桂、付小波，外加刘纯志，一个个垂头丧气地站在我的办公室。因为一个学生走了，找了一个晚上还没有找到。这是一个爸爸、妈妈在广州打工的孩子，运气好的话一年可以见到爸爸、妈妈两次，运气不好估计一年才能见一次。他爸妈在广州鞋厂工作，他手上有用不完的钱，但是他一点都不快乐。最喜欢的就是和我们几个管理人员"躲猫猫"，平时到了晚上就回来了，而今天有点诡异，过了一个晚上，还是没有他的消息。后来，他回来了，在一个网吧里面过了一夜。问他话，一副死猪不怕开水烫的样子就是不肯说，让我们不知所措，几个老师陪着他站了几个小时后，他说了一句"去看妈妈了"。"看妈妈，广州一个来回两天做不到啊？""在网吧里面等妈妈上线，看妈妈。""看到了吗？"我虽然有些气愤，但还是很关心这个结果。"没有，妈妈没有上网，我也不知道妈妈的电话。""哦。"原本想好好教育一下他，突然就没有这个想法了，反而生出几分自责，因为我们对他的诉求没有很好的应答，才导致他走到这一步。

我们五个人的话题不再是如何去教育他，而是如何去教育好这 58 个开学就来，散学才回去的孩子。"他想妈妈，就让我带一带他，也许会好一些。"刘纯志老师说道。"你带也只能带他一个，还有 57 个人怎么办？"心直口快的付小波说道。"我们可以号召所有的老师一起来带呀！"两位数学学科带头人欧阳兰桂、刘育康异口同声地说道。"是个好主意，要不我们几个人带头，发动其他老师一起来带，可以举行一个仪式，我们做孩子们的成长爸爸、成长妈妈。纯志，你以少先队的名义号召老师，小波的政教处负责仪式的组织。"我们说干就干，世纪星实验学校的"成长爸爸、成长妈妈"由此拉开了序幕。

第一次开展"成长爸爸、成长妈妈"活动，我们提出了详细的要求：关注学生成长的一切问题，及时和学生家长交流孩子的情况，一个月带学生到家里玩一次（或逛街一次），每天进行一次短时间交流，每周进行一次长时间交流，每周 2 至 3 次短信告知家长孩子在学校的表现。这样能使家庭教育与学校教育形成合力，真正将共同关心留守儿童的成长落到实处。但问题就来了，哪些人愿意来做成长爸爸、成长妈妈呢？首先，规定六个行政管理人员都要担任，接下来我就找我的几个徒弟，把几个徒弟集合在一起，软硬兼施，让大家表态。直到今天还记得王晓凤当时的一席话，感动了所有的人。

晓凤说："首先表明我自己的态度，我很乐意做一名成长妈妈，我会用我自己的言和行，让我帮扶的孩子真切地感受到温暖。这种感慨来自我和学生之间心灵的碰撞，记得去年在一个星期五放学的时候，我听见有几个留守的孩子，她们一起围着一个闷闷不乐的小女孩说着什么，好奇心让我走近并询问，原来星期六是这个小女孩的生日。可生日不是孩子们最期待最高兴的时候吗？我怀着疑惑，再三追问，这个小女孩还是不说话，最后还是旁边的同学帮她说了心里话：'老师，她想她的爸爸妈妈，想和爸爸妈妈一起过生日。'那一刻，我感觉自己不仅仅是一位老师，更像一位母亲站在她们面前。我的心灵震颤了，多平凡的愿望，多么朴素的想法，对于留守的孩子却是最大的奢侈，他们孤独寂寞，强烈渴望父母的关爱。全托生远离父母亲人，渴望关爱，但他们需要的不是居高临下的施舍，而是平等、真实、细腻的母性关怀，所以说，我们在向孩子们表达爱意时，一定记得放下姿态用母性的温情，用一颗朴素的心，让他们感受到真正的爱护。有些时候，我们的帮助一定要记得用合适而又温馨的方式去给予。一声温暖问候，一次温情的抚摸，一句富含人生哲理的导引，这些看似简单的行为，或许都可以帮助他们。让我们用润物细无声的方式，让他们感受到我们那种不是亲人却胜似亲人的爱护，只要心中有爱，我们带给他们的将是永远的持久的温暖。其实，我们做成长爸爸、成长妈妈并不是只有付出，我们还会收获课堂之外的经验，能够更好地了解孩子们。我们未婚的老师们也可以借此机会，提前感受为人父母的辛劳，提前学会关爱孩子，走进孩子的内心世界。孩子们就像是一群纯净无瑕的小天使，当他们得到片片真情后，我相信他们也会无私地把自己那一颗颗纯真的童心回报给我们。"

几年过去了，那些不是父子胜似父子，不是母子胜似母子的故事时常环绕在我耳边。孩子的生日、孩子的节日是我们陪着他们过的；孩子的眼泪、孩子的笑声是我们陪着他们体会的；孩子的每一次进步都有我们成长爸爸、成长妈妈的影子。多年以后，孩子们肯定离开了我们，或许孩子都不记得留守岁月曾经的美好与痛苦，但我想我们的成长爸爸、成长妈妈一定会记得自己的成长儿子、成长女儿，记得与他们在一起的幸福时刻。

（三）留守儿童集体生日会

在世纪星工作的老师晚上必须上班，因为这所学校百分之八十是寄宿生，每天晚上我也不例外。记得那是一个秋高气爽的夜晚，我按惯例去看看老师们晚上带孩子们在干吗。说白了就是去督促一下老师晚辅。走到彭淑容老师班上时，里面热闹非凡，开晚会一般，吵得一层楼都不得安宁。不会啊！小彭老师虽然年轻，但管理班级却是一位悍将，一般学生是逃不过她的五指山。带着一丝怀疑，我推开了这个班的教室门。还真是晚会，一场生日晚会，蛋糕一个，零食一堆。原来，她家是开超市的小道消息，并非空穴来风呀！"校长，请吃蛋糕。"旁边做主持的孩子这个时候反应比小彭老师快，拿着蛋糕往我手里塞。"哦哦，谢谢！生日快乐！"吃人家的嘴软，接着蛋糕，说了声祝福我便退出了教室。估计我这不速之客，吓着小彭老师了，她张开嘴巴望着我一句话没有说。后来，她到我办公室解释，一个孩子过生日，爸爸妈妈不在茶陵，打电话给她要她给孩子过生日，家长寄来了蛋糕，但班上四十多个人，一个蛋糕不够，于是她就在自己家超市"偷"了一堆零食，孩子们过得很开心。听着她的讲述，我除了佩服还是佩服。

在学部周行政会议上，我提起这个事情，表扬了小彭。"谭校，我发现刘爱芳老师、尹秋花老师也是这样给孩子过生日，应该一起表扬。"心直口快的肖艳芳主任说道。"我发现，卢元香老师、王雪萍老师也这样贴钱帮孩子们过生日。"少先队辅导员刘纯志满怀敬意地补充。随着话题的深入，我们逐渐形成了一套留守儿童生日庆祝的工作思路：留守儿童过生日前，班主任积极联系家长，在家长同意的基础上，给孩子过生日；我们提倡简单隆重的生日，尽量不让班主任贴钱；如果家长不同意的，或联系不上的，学部组织每个月底为没有过生日的孩子过集体生日。此提议在学部行政会议上一致通过。

但学部没有这种经费预算，怎么办？喜欢先斩后奏的我，硬着头皮，写了一份报告给理事会。肖董事长很关心留守儿童，把报告中每月二百元的生日费用改成了三百元，到 2016 年提高到了五百元。有钱好办事，但要把事办好还得用心，在政教处、少先队大队部和班主任的努力下，五年如一日，大家开开心心地为留守儿童的生日，为孩子们的留守岁月平添了许多美好的记忆。

虽然小彭已经离开了世纪星实验学校，也许她不知道留守儿童生日活动源于他们班当年的生日晚会，也许许多留守儿童也不再记得小彭老师送过的零食，也许许多班主任早已忘记为留守儿童过生日贴过多少钱。但在众多的"小彭"老师心中，一定会永远存在这样的画面：为留守儿童点燃生日蜡烛，唱起生日歌，这便足矣！

（四）寒夜的温暖

昨天下了整天雨，冬季的雨总是让人生畏的，加上自己感冒，便觉得昨天的天特别冷。为完成组织班主任活动的相关工作，我在办公室待了一会儿，打电话询问了几个老师，又反思了一下关于活动的安排，于是晚上回去得比较迟。大约到了九点钟的样子，我接到了来自国际班班主任刘老师的电话："谭校，我们班一个男孩子拉肚子，一个女孩子肚子痛，您在不在学校？能不能帮忙送孩子去一趟人民医院？"从刘老师的声音中，我听出了她的无助，估计天气好，她也不会打电话给我。虽然当时我自己也是头痛欲裂，但想到刘老师的无助，我还是毫不犹豫地答应了。

女孩可乐一上车就哭，可乐的爸爸在非洲工作，妈妈在福建打理一个工厂，妈妈是茶陵人，所以把可乐送到老家读书，属于典型的留守儿童。男孩子是我们班的骄傲，他很绅士，自己虽然肚子不舒服还是陪着我一个劲地安慰可乐。看着可乐一个劲地哭，我只好宽慰她："放心，有谭老师在，没事的。"最后没有办法我只好把手机给她，让她打电话给她妈妈。妈妈的力量是伟大的，一个电话打完可乐也就不哭啦。我说："你们表现真好，待会儿到了医院一定要听医生的，你们刘老师在医院等着你们。"听说刘老师在等他们，两个小家伙的情绪一下子好了很多。

雨一直下，路上刘老师一直打我电话了解情况，原来她已经早早地就在医院门口等着了，"谢谢，谭校。"寒风中，刘老师的装扮让我都认不出来了。"我陪你们一起去看医生吧！"我停好了车说。"不用了，您也累啦！回去休息吧，我先带他们去看医生，然后就不送他们回学校了，直接带他们到我家里去住，您放心！"刘老师一手抱着可乐，一手牵着小男孩，笑着对我说。其实，我知道刘老师的老公在乡下中学教书，自己家里还有一个上幼儿园的女儿，这么寒冷的夜，我还不知道她是怎么安慰自己那个爱撒娇的女儿的。

我知道我留下来的话刘老师肯定会更加不自在，因为她的班在我办公室隔壁，胆小的她总是绕过我的办公室门口，尽量少碰到我。知趣的我只能心里带着愧疚回到了家里。不知道这一夜，刘老师和那两个可爱的孩子是怎么过的。不过我相信，刘老师的关爱在这个寒冷的冬天一定足够能温暖这群国际班的孩子们。

面对留守儿童生病的情况，我们刚刚开始采用的方式是让班主任带着孩子们去医院看病，垫付医药费。大部分时候，家长会很快给班主任还钱，但是也有一些情况是班主任劳心劳力又自掏腰包。时间久了，班主任的怨言也就多了。后来，我们采用了男女生辅导员负责晚上，班主任负责白天的方式来处理留守儿童的生病问题，同时学校提供了 2000 元的医疗备用金。这些措施，可以让我们的老师晚上安安心心回家，快快乐乐地生活。

可乐因为不习惯学校的寄宿生活离开了学校，刘老师也因为各种原因离开了学校，但那一夜的温暖一直留在我心中，从不曾离开。

（五）"快乐的周末留守"

2013 年 3 月的某个星期五，在送学生乘车回家后，付主任和我聊起了一件令他很气愤的事情，一位爷爷来接一个全托的学生。全托的孩子一般是父母长期在外面打工，孩子一个学期才回家一次。这位爷爷因为找不着孩子而找到了付主任，那位爷爷一脸的不高兴："我又不知道是哪个班，要我接，要我接孩子，我就没有事情做啊？只知道打电话要我做这做那！"从他的语气中明显听得出，他对孙子是不太喜欢的。在付主任的指引下，他找到了孙子，孙子很高兴能够回家，而爷爷却是满脸的不高兴。"全托的孩子真可怜！得不到父母的关心。"付主任摇了摇头叹息道。听了这个事情，我的脑海中马上问自己："怎么办？留守儿童教育中，我们该如何面对这群特殊的孩子？"

教育好留守儿童很难，教育这样的全托儿童更是难上加难。教师不是万能的，但是面对教育问题，我们应该思考，更应该行动。

65 个全托生，周末在学校怎么过才能够快乐？曾经的一个星期六的场景出现在我的脑海中，那是我们的胡云老师、赵慧老师带着他们班的孩子逛街买东西。我想我们有 75 个教师，为什么我们不让每个教师"领养"一个学生，带着这些孩子一起过周末呢？

在周一的小学部行政管理会议上，我抛出了如何让全托生过好周末的话题，并把让老师带孩子们过周末的想法也抛了出来。"您的想法太理想化了，哪个老师没有自己的生活，带着学生过周末不太现实。"刘主任第一个表示反对。"我也觉得不行，我们老师好心一片，万一带着孩子出去玩出了什么安全事故怎么办？"主管安全工作的付主任也是反对。"其实，我们可以在原来生活部管理的基础上，进行改良，让老师轮流参加照顾留守儿童的周末生活，怎么样？"看着我们剑拔弩张的样子，肖艳芳主任笑着问我们。"我赞同肖主任的说法，让我们的音体美老师轮流带着全托生玩游戏。"负责综合教研组的刘纯志说道。在大家的讨论中，我们确定了周末留守儿童的管理办法：一是把音体美老师和非班主任老师人员确定下来，每周安排三个人值班；二是确定周末的课程表，文化教师负责辅导作业，体艺老师负责组织活动；三是确定周末留守儿童的菜谱，每周由生活部老师提供菜谱交给后勤组实施。

事情的开局总是美好的，2013 年由于小学部非班主任老师比较多，大家轮流值班的话，每人每个学期不过两次，大家做得比较开心，后勤组也配合得很好，收获了许多来自社会各界的赞誉。到了 2014 年随着班级的增加，非班主任老师减少，大家轮流每个学期需要值班四次，后勤组也因为绩效考核，留守周末工作出现滑坡。到了 2015 年非班主任老师更加少了，轮流值班次数达到了五六次，大家的反感情绪非常的强烈，以至发展到了值班教师私自安排每人只负责半天。面对这种情况，我痛定思痛，找到肖董事长，请求单独为留守周末拨付专项伙食费一万元，好在肖董事长也一直重视留守儿童周末管理工作，在她的支持下，留守儿童的周末管理得以继续开展。

2015 年开始，从我轮起，70 多名教师，每次四个人，把留守周末值班当成了做义工，大家觉得有这样的机会和孩子们相处是一件幸福的事情。当然，我也清楚，这样的工作不能超过老师们的负荷，不能让其成为他们的一种负担；而且，只有把这些事情的意义讲明白，老师们才会有更高涨的热情。如今的周末留守值班照片成了大家刷朋友圈的一个好素材。也许哪天，我不再在这里工作，但我想我们建立的这个留守儿童周末管理机制应该能够一直留在这里。

把有意义的事情做得有趣，才能算得上真正做好一件事情。

（六）募捐电影票

2015 年 9 月，也不知道是哪一天，学校突然多了一个热闹的地方，付主任和刘少辅、音乐备课组长刘建，三个人召集了一些歌唱爱好者，组建了一支老九乐队，天天晚餐后练习，不到一周就俘获了一大群粉丝。我也按捺不住好奇心，跑到现场玩了几首歌，架子鼓付小波主任、键盘手刘纯志少辅、管乐刘建，现场乐队伴奏的感觉就是不一样。三个人不断表扬我乐感是最好的，我心里明白是他们在捧杀我，目的是拖我下水，好让我好好地支持老九乐队。不得不承认，他们的手段是奏效的，随着我的加入，越来越多的老师和学生加入了这支老九乐队。不知不觉中，玩了三个月的老九乐队早已深入了师生的心中，连我也开始琢磨着什么时候能来一场现场表演。

12月份，学校的跳蚤市场又开始了。小学部的跳蚤市场是在2012年6月份开始的，在肖艳芳主任的策划下，每个学期一次，老师同学玩得不亦乐乎，从第一次只是以书换书，以物易物，到后来，一届比一届的内容更加丰富，卖烧烤、卖西瓜、煮饺子，废物利用，以钱购物，每次活动都是一次盛大的节日。现在每到期末的最后一个月，师生就在盼望着这场盛宴，催着肖主任举行跳蚤市场活动。今年因为肖主任工作的调整，不再筹划这次活动了，我知道要找一个人来接手这个品牌活动很难。该如何把这个活动好好传承下去？我想今年就在原来的基础上加一场演出，但是这场演出应该要有不一样的意义才行。

一个晚上，我苦苦思索，不得要领，于是就给自己一个借口，放松一下自己，犒劳一下自己，看一场电影。我是一个工作狂，当自己想用手机看一场电影的时候，那是真的累了。电影没有看完就睡着了，第二天起来，灵光一闪，何不来一场为留守儿童募捐电影票的演出呢？说干就干，在肖主任的协助下，我们写好了策划方案，首要任务是到电影院谈好价格，这个重要的事情，只好我亲自出马了；其次是提前一周告知孩子们，让孩子们提前准备好，这个问题很好解决，有这么一支优秀的班主任队伍，很轻松就能搞定。

谈好电影院的价格是第一个重要的事情，首先，我去电影院看了一场电影《老炮儿》，发现电影院下午 5 点左右的生意最不好，因为我看的这场电影只有三个人。看完了电影，胸有成竹的我找到了唐经理，凭借老师们夸我的洗脑功，用我们关爱留守儿童的动人故事打动了唐经理，电影包场从 3000 元变成了 1000 元，估计我再讲下去，唐经理可能会免费的，看着真诚的唐经理，我不好意思这样做了。交了 1000 元，我高高兴兴地走出了电影院。但是，我真的不确定下周的募捐活动能募捐到多少钱。喜欢看留守儿童笑脸的我，决定不管募捐到多少钱，剩下的钱我都出了，不是我有多么高尚，而是这样能让自己发自内心地开心。

在付小波主任的策划下，在管理团队的配合下，从歌曲配乐到现场的音响设备的摆放、舞台的搭建，都无异乎一场很专业的乐队演出。活动在肖建玲董事长的祝福声中开始了，开场曲由我主唱《孩子，让我欢喜让我忧》，一曲刚落，肖总捐了 100 元；肖子萱等国际班的孩子们——我的粉丝团 10 元、10 元地捐；何弯、陈娜、卢总等青年教师很给面子，20 元、20 元地捐，让我备受鼓舞。接下来，刘育康主任、刘亚男老师、陈志芳老师纷纷献艺，捐款的师生一波接一波；陈红青主任担任出纳，不断地收集捐款箱里面的钱，600 元，800 元，1000 元，1200 元，1600 元，1818 元，一次次刷新捐款的金额。活动达到了高潮，募捐的电影票钱，已经远远超过了。不记名的募捐，让爱心不断传递，让小小的爱心变成了大大的爱。

募捐到了钱，第二天中午，由少先队辅导员刘老师组织留守儿童观看电影，细心的她为每个孩子都准备了一桶爆米花和一些零食。45 个全托学生，45 位成长爸爸、成长妈妈，在总校政教处谭靖主任的有序安排下，大家一同走向电影院，享受了一场难忘的电影盛宴。

我因为有会议要参加，没有去看电影，心中不免有些遗憾，但是从他们的活动照片中，我看到了孩子们灿烂的笑容。不一定，每年都会有这样的活动，因为一个活动的坚持需要众多的因素；不一定，每次活动都可以看到孩子们的笑脸，因为不是每一个活动都是孩子们喜欢的。但这次活动能留下孩子们灿烂的笑容，知足了！

社会编

　　振兴乡村，建设新农村，教育是关键。而教育的关键是教师，全社会尊师重教，新乡村建设才有希望。教师需要精神力量的支持，只有家长和学生尊敬教师，教育才有希望；只有全民尊敬教师，国家才有希望。

舲舫乡教育基金成立

2019年9月10日上午，茶陵县舲舫乡第35个教师节庆祝会暨舲舫教育基金成立大会在舲舫中心小学隆重召开。大会表彰了20位在舲舫教育战线上奋发有为的中小学教师。成立了舲舫乡教育基金，现场捐资达五十万元。选举产生了第一届舲舫乡教育基金会成员与理事会监察委员会委员。全乡各村党总支书记、村主任，社会各界近百名爱心人士亲临会场奉献爱心。

党的十九大报告中提出，"推动城乡义务教育一体化发展，高度重视农村义务教育……努力让每个孩子都能享有公平而有质量的教育。"让乡村孩子享有与城市孩子同等公平优质的教育，这也是舲舫乡教育一直以来所追求的目标。近年来舲舫教育本着"立德树人""传承红色文化，播种红色基因"，打造以"红色舲舫，善行人生"为主题的教育文化。

我们舲舫乡原名是苏红乡，是全县有名的将军之乡，在这片红色的土地上培育了谭家述、谭余保、谭善和、李俭珠、周则盛等革命将领。有特殊的丹霞地貌，"两水夹一湖"，洣水和沔水两河交汇于此，东阳湖坐落其中，水资源丰富，是名副其实的水韵之乡。舲舨中小学结合当地实际情况，以培养学生核心素养为重心，让乡村孩子享受城市教育。学校获得了株洲市素质教育先进学校的称号，乡村青年教师俱乐部获得株洲市教育创新一等奖，教育教学质量逐步提升。为了更加快速地推动舲舨中心小学的教育发展，舲舨乡很多的爱心人士一直支持着舲舨教育，彭小明先生坚持六年为洮水学生捐赠童鞋，价值总额达 10 万元；邱志平先生2018 年捐赠价值 6 万元的校服，2019 年 9 月 1 日又给全乡学生捐赠了价值 18 万的童鞋；不知名的叶女士捐赠 5000 元给孩子们过留守生日。舲舨人对教育爱意拳拳，但是缺乏统一性，现经过舲舨乡政府同意，特成立了"舲舨乡教育基金"，统一接受教育捐赠，有针对性地解决舲舨教育问题。

成立"舲舨乡教育基金"领导机构，加强对基金的管理。一是由乡党委书记担任基金会名誉会长，中小学校长担任基金会名誉副会长，由大会选举基金会会长 1 名，副会长若干名，秘书长 1 名，理事若干名；二是建立微信群，加强联系，及时交流，一事一议；三是成立监督委员会，监督捐款资金去向，每年进行基金财务公示；四是成立"舲舨教育基金"捐资平台，随时接受捐资，定时公布捐赠资金。

规范"舲舨乡教育基金"的使用，增强基金的效率。教育基金必须是用在关键处，对于基金的使用大体以六个方面为主。一是购买校服。由于 1998 年的减负文件，农村学校不能购买校服，但是校服是学校对学生进行养成教育的一部分。学生需要有夏季和冬季两种校服。二是购买或开发经典图书。随着目前高考的改革，经典诵读成了中小学重要的教育内容，但此类图书匮乏，学校可以通过统一购买和自主开发的形式，为学生提供可以循环使用的诵读教材，以夯实孩子们的文学基础。三是购买服务，为孩子们提供艺术教育。农村教育中，艺术教育是一个重要的短板，我们通过募集资金，可以为学生请到县里最优秀的艺术教师，提高他们的艺术素养，同时达到开发情商的目的。四是奖励优秀教师，对教学质量前三名的教师给予重奖，对于考上茶陵一中的学生进行重奖。五是建立资助机制。对孤儿和极度贫困的学生进行资助，对已获得国家资助的困难学生，基金不给予重复资助。六是在中小学建设将军雕塑群，并把捐赠人的名字雕刻在基座上，给学生树立好的榜样。

让乡村孩子享受和城市孩子一样的教育资源，教师的努力和社会人士的支持是关键。正是因为有大量的乡村教师每天行走在乡间的小路上，正因为有社会人士的大力支持，才会有乡村孩子未来的康庄大道。我相信，只要我们舲舫人不忘初心，用我们自己微弱的烛光照亮身边每一位学生前进的道路，不论力量的大小，只要我们力往一处使，定能让乡村孩子享受到城市般的教育。我们的目标不是让孩子逃离贫困的乡村，而是鼓励他们未来能够带领乡村脱离贫困。

爱心使者邱志平先生

认识邱志平先生，源于他的外甥女——龙新燕老师。其实，到目前为止，我与他素未谋面。2018 年上半年，第一次在微信中，他说想为学校做点什么，我尝试提出给一个村小捐 245 套校服，价值 3 万，他没有丝毫犹豫，直接答应并很快落实了，让乡村孩子有了自己的校服。2019 年上半年，他再次主动提出给全乡每个孩子捐赠一双鞋子，价值 18 万，我把孩子的鞋码报给他，他只用两个月的时间就把鞋子寄给了我们的孩子们。

从他外甥女那里我了解到，舫舫乡洮水村小是邱志平先生的母校，19 年前他在这里读过书。1985 年的夏天，他出生在一个三面靠山、一面临水的贫穷小山村，他家就在大山脚下，当时家里一贫如洗，家中 5 人生活在 2 间土坯房里，经常忍饥挨饿。在这种环境下成长的他，很小的时候便下定决心要通过读书来改变命运。小学 6 年和中学半年的时光是他度过的最难忘、最艰辛，也是最幸福的时光。他周一到周五每天早晨 5 点起床，步行 2 小时来到洮水小学上课；午餐是从家里带的，冬天的时候往往饭菜都已经冷得难以下咽；下午放学后天色已晚，在回家的路途中有害怕过，有遇到危险过，有流泪过，但这些都没有阻挡他求学的决心。2000年，他从舻舫中心小学的洮水小学毕业后，以优异的成绩考上了舻舫中学尖子班，内心又喜又忧，喜的是自己终于得偿所愿，忧的是家里无力承担他的学费。第一个学期，他靠卖冰棒赚来了学费，但第二个学期无以为继，被迫放弃求学之路，当时他内心非常难过，但是必须面对现实。之后，他带着家里仅有的 50 元现金跟着姐姐开启了南下之路。

三十多年前，因为家里经济条件不好买不起鞋，他几乎是光着脚度过了童年。出来之后看见大城市的孩子们穿着各种各样的童鞋，他觉得城市孩子的童年特别幸福。若干年后，一次偶然的机会，他走上了创业之路，他和他妻子用几部电车创办了广奇。这十几年来他们慢慢地从一个艰苦简陋、没有技术、没有品牌、没有规模的作坊，发展成了目前这样一个初具规模、管理正规、有技术积累、有品牌价值的公司。目前广奇鞋业业务已扩展到国内 20 多个城市，经销商遍布全球 23 个国家和地区。公司今天的成果是他通过 4200 多个日日夜夜的努力奋斗来的。他的这段经历非常艰苦，但更多的是收获。

在公司快速发展的过程中也得到过社会各界人士的大力支持，滴水之恩当涌泉相报，他希望能够通过慈善助学这种方式来回馈社会。孩子们是祖国的未来，民族的希望。关心下一代健康成长是全社会的共同责任，尤其留守儿童、流动儿童和贫困家庭儿童是社会的弱势群体，更需要社会的关爱和帮助。他用爱的双手托起了孩子们的翅膀，激励孩子们努力学习，坚定对未来美好生活的信心，用自己的行动帮助孩子们在温暖的阳光下茁壮成长。

给孩子们送鞋子送温暖，形成了舲舫爱心人士的爱心风尚，在邱先生的影响下，更多的舲舫籍企业家和社会各界人士开始关注留守儿童。我相信受助的孩子们定能不负众望，勇于面对挑战，自信、自强，克服困难，勤奋学习，立志成才，把自己培养成为"四有"新人，为建设中国特色社会主义事业贡献自己的青春、智慧和力量。

2019年9月的捐赠仪式，邱志平先生不能亲临现场，故委托他们村的书记谭石祥来到学校。谭书记对受到资助的同学提了几点希望，一是希望他们倍加珍惜来之不易的学习机会，越是条件艰苦，越要刻苦学习，始终保持优异的成绩和昂扬的斗志；二是希望他们志存高远，自强不息，立志做大事、创大业，在社会建设中展现才智、奉献力量；三是希望他们无论将来走上什么岗位，无论身处何处，都不要忘记母校，忘记家乡，不要忘记关心、关注父老乡亲和老师，更不要忘记那些曾经帮助过他们的人，将来为家乡的建设和发展多做贡献。

古人说"穷且益坚，不坠青云之志"。希望广大同学敢于正视困难，树雄心，立大志，努力把老师们的关爱化作发奋学习、立志成才、报效祖国的强大精神动力。有这些爱心人士的支持，乡村孩子有机会享受到城市孩子的物质条件，我们教师当奋勇向前，努力让乡村孩子享受优质教育。

社会编

家校共育，扣好孩子人生的第一粒扣子

过去的认识里，家庭教育通常被认为是在家庭生活中，由家长（其中首先是父母）对其子女实施的教育，即家长有意识地通过自己的言传身教和家庭生活实践，对子女施以一定教育影响的社会活动。而按照现代观念，家庭教育包括生活中家庭成员（包括父母和子女等）之间相互的影响和教育。家庭教育和学校教育、社会教育并称为教育的三大支柱。家庭教育曾经是中国文化的优势资源，孝文化、君子文化都是中国式家庭教育的正面结果。在转型期的当代中国，成年人的价值观发生剧变，家庭教育的支柱正在崩塌，其中，过去以道德为核心的价值观遭到破坏，重智轻德成为家庭教育的普遍趋向，造成的严重问题亟待引起重视。家长在教育中的缺位，使得我国家庭教育产生种种问题。这种情况下，新的恰合时宜的家庭教育急需归位，以便加强家校之间的紧密联系，达到家校携手共同培养孩子的目标。

乡村学校开家长会非常难，因为很多孩子的父母都不在身边，来开会的就是爷爷奶奶，为了开好乡村学校的家长会，我们争取做到：一是提早通知，并选择有意义的日子举行，农村端午节前后，打工的父母大部分会回家；二是创新家长会的形式，参观学校、观看孩子表演、做主题分享、班级交流等；三是给家长提意见的机会，听取家长的建议，家校合力共同办好教育。

　　2018年端午节复学后第一天，舲舫中心小学组织召开了一次别开生面的家长会，1000余名家长参加了此次活动。家长到学校后，我们开始了第一个环节，在学生的带领下，让家长参观学校的校园和文化宣传展览。随后，我们集中了所有家长，在学校礼堂里面举行第二个学生展示环节，由四年级（2）班的罗苗苗同学和段子谦同学带来了本校社团活动的学习成果——古筝弹奏和演讲。2018年，茶陵县舲舫中心小学作为全县唯一一所小学，代表茶陵县参加了株洲市素质教育学校的评估，并成功获得了"株洲市素质教育优秀学校"的称号。而社团活动是舲舫中心小学践行素质教育的特色课程，在每周三的最后一节课举行，有美术、古筝、合唱、演讲、象棋、跳棋、篮球、羽毛球、英语、趣味数学等课程，每个科目都由有相应专长的教师授课。优雅的古筝，精彩的演讲，让家长们纷纷为之惊叹！想不到，在农村学校，自己的孩子也能够享受和城市孩子一样的教育，可以根据自己的兴趣去学特长，还不用花费一分钱！你会写诗吗？我们舲舫的孩子会！你看，三年级（3）班的两位同学为我们带来了自己创作的诗歌呢！陈琦萱同学为我们带来了饱含深情的《思父》和《童年的风铃》两首诗；王亚婷同学带来了自己为朋友们创作的《夏天的夜星》和《问友》两首诗。舲舫中心小学的孩子，除了学好课本上的内容，还会每天坚持进行半个小时的课外阅读，并做好阅读笔记。滴水能把石穿透，万事功到自然成，正是因为持续的阅读和积累，孩子们的文字功底才有了更快的提高，写作水平也逐步提升。

学生展示之后，我们开始了家长会的第三个环节——主题讲演，我结合自己的成长故事和实例，分别用三个故事跟家长们交流了自己对于教育的想法和建议。孩子的教育中，家长是孩子的第一个导师，家庭和学校应该合力共育，希望家长们能够支持学校教育。当你的手指指向自己的时候是觉醒、觉悟的开始，当你的手指指向孩子的时候就是进攻、索取的开始，我尽量用深入浅出的方式讲述了家庭教育的真谛，通过真实生动的事例介绍了家庭教育的重要性，以及怎样做到高质量的陪伴，如何使用"黄金五步赞美法"培养学生良好习惯等。黄金五步赞美法：描述事实，谈论我的感受，引导启发，教会孩子学会感恩，固化孩子的自我品质和优秀品格。高效的赞美，能让孩子将学习动机内化成自我成长的需求和实现自我价值的渠道，而非被迫学习，这样孩子不仅能增强自信，学习的主观能动性也能相应加强。通过我的介绍，家长们了解了学校这几年取得的成绩，未来的发展目标，对孩子们的学习充满了信心。简陋的会场里，掌声雷动。第四个环节是家长到各班与老师交流。第五个环节是所有行政人员佩戴标识，与家长交流，听取家长对学校工作的建议。

家长会结束后，一位家长激动地表示："舱舫这几年的变化太大了，条件越来越好，老师们也用心负责。我终于可以放心在外面打工了。谢谢老师们！"

十年树木，百年树人！教育是一个坚持的过程，更是一个需要家长和学校心连心、手拉手的过程！家校共育，为孩子们的人生扣好第一粒扣子！舱舫的孩子、家长和老师们一直在努力！

乡政府助力乡村学校教育

　　作为农村学校，一定要取得当地乡政府和村支两委的大力支持，这个不仅仅是物质支持，更需要舆论支持。每一年，我都邀请政府领导到学校参加议教会，每次议教都有不同的收获，2018 年的议教会解决了乡政府和村支部对各个学校教师慰问的问题，2019 年的议教会成立了舲舫乡教育基金。一步一个脚印，乡村两级对教育越来越重视。

　　时间回到第一次议教会的 2018 年 9 月 21 日，茶陵县舲舫中心小学隆重召开 2018 秋季议教工作会议。到会的代表有舲舫乡政府党委书记王寿云、乡长肖玉红、人大主席谭燕君、主管教育副乡长蔡晚平以及全乡 10 多位村支部书记。会议由舲舫乡人大主席谭燕君主持。

　　会议首先由我以"让乡村孩子享受城市教育"为主题，向在座的乡、村领导就学校一年来德育、教学、基础设施、书香校园、乡村青年教师成长等几个方面的工作作了全面的总结与汇报。

　　传承红色文化，落实立德树人。茶陵县舲舫乡是一块人杰地灵的红色土地。从 2017 年 9 月至 2018 年 9 月，历时一年的调研、编写与修订，舲舫小学《将军文化》校本教材试用版于当年秋季正式印刷使用。此校本教材包括了革命家的勤奋好学、坚忍不拔、大公无私、报效祖国共四大篇章 33 个小故事，让学生了解舲舫籍将军，拓展学生关于革命人士的知识领域，激发学生向革命烈士学习的动力，加强学生理想信念教育，开展形式多样的德育活动，培养学生吃苦耐劳的精神，培养学生成为有理想、有追求的人。学校负责人在介绍这本教材时，舲舫乡政府党委书记王寿云感到非常激动，他说："我们确实了解得太少，宣传力度不够，我们要充分利用好这本校本教材，要传承舲舫将军们的品质，弘扬将军们的精神，树立舲舫人的文化自信。"

关爱留守儿童，做有大爱大德大情怀的人。茶陵县舲舫乡现有人口 3.4 万余人。而留守儿童人数约占学生总人数的 80%。该校每月举行一次所有当月出生的在校学生的生日聚会，这一举措在微信朋友圈引起了热议。2017 年 11 月 10 日，一篇题为《株洲茶陵县 50 名留守儿童集体过生日》的文章被《株洲日报》《科教新报》《湖南教育新闻网》编辑看好并刊发，进一步助推了社会爱心人士的广泛关注。一位舲舫籍的叶女士捐赠 5000 元生日蛋糕专项爱心款，她至今不愿透露姓名，只说"我原来也是舲舫中心小学的学生"。湖南省教科院左梦飞与株洲市三位校长，长期与该校四名孤儿结对帮扶，劳动节假期专门接送四名孩子到长沙体验城市生活。从举办第一次生日会以来，到目前为止我们已在全乡所有教学点开展了 7 次留守儿童集体生日会，让舲舫小学所有的留守儿童感受到了学校及社会的关爱与温暖。学校用行动在孩子心田播下了爱的种子。

让阅览室成为农村小学一道亮丽的风景线。2004 年 6 月，梦想国际志愿者为舲舫中心小学送来第一本图文并茂的课外读物，自此，打开了这偏远贫困地区孩子们的阅读世界。自 2008 年以来，美国欣欣教育基金会、香港阅读梦飞翔文化关怀基金会为该中心小学相继投入数十万元的阅读材料与图书设施设备。2010 年坚持让学生午读，至今已有 10 年之久，2018 年学校获得了茶陵县五个教育创新奖之一。阅读是打开孩子视野最快捷的方式，也是开启学生全面发展的一把钥匙。为了让阅览室成为学生们最喜欢去的地方，全乡一所中心小学、7 所村级教学点全部配置了与小学生身高匹配的图书柜、凳子，还有坐垫、颜色搭配合理的图书拼桌，还购买了一大批适合小学生阅读的优秀儿童读物，配置了立式空调。学生在课余、中午、晚饭后自觉去阅览室看书，阅览室的建立从根本上保障了孩子们阅读的需求。

筑巢引凤，倾力打造优秀人才"强磁场"。争资立项，大力改善办学条件是我校近两年发出的"最强音"。"连个洗澡的地方也没有！"来自岳阳华容县的刘颖君老师是 2017 年 8 月考编到茶陵的，她刚到舲舫中心小学报到时看傻了眼！松江小学陈海伦是两年前分配到该村级小学教学点的老师。这位女教师晚上上个厕所要摸黑走一段很远的路，非常不方便。为了及时解决类似问题，去年一年茶陵县教育局给舲舫投入近 400 万元。其中，投入 45 万元改造该乡塘冲、堤洲、松江幼儿园和村级小学教学点；投入 150 万元进行中心主校的基础设施改造，包括有热水供应的专用师生澡堂；

投资 20 万元为洮水学校教学点铺设了沥青跑道。2018 年给全乡村级小学投资 120 万元，进行了维修改造；投资 215 万元在该乡垸井村建设了一所高标准的中心幼儿园；分别在堤洲、洮水、大岳三个村投资 100 多万元，进行了幼儿园升级改造。舲舫中心主校征地16 亩，建设一栋 36 间教室的教学楼，一栋 26 间房的教师周转楼，一栋 16 间房的综合楼。地基填土工程已于 2019 年完工，2020 年动工兴建，预计 2021 年正式投入使用。"今年，还有不少教师是两个人住一间不足 10 平方米的住房。明年我们将彻底改变这一现状！"在议教会上我向在座的各村支部书记保证。学校条件艰苦，无地理优势，优秀学生源源不断往县城转，全乡整体教学质量难以提升，这是个棘手的问题。据了解，近十年来，学校更换校长 8 人，被城区学校挖走优秀教师近 40 人。大家都不愿意待在这个偏僻的地方。如何留住好老师，用什么办法留住优秀学生？

学校条件不好，为什么不换个思路留人？留住优秀老师我们不能等、靠、要，而是应该通过建立平台相互帮扶共同提高。我们从提升师资力量着手，成立以青年教师为主的"乡村青年教师成长俱乐部"。该俱乐部每周三晚 7 点至 9 点，以教育论坛形式分享教育成果、交流教学困惑。一年来，以名师工作室的名义用"请进来"的方式，向外讨要教学技术资源。去年下期至今，从全省各市州引进学科专家数十人深入该青年教师俱乐部"传经送宝""帮扶结对""点对点送教"，助力青年教师快速成长。2018 年秋季全县人事调动后，就发现有四名优秀教师从外乡回流到舲舫中心小学任教。"是舲舫乡村青年教师俱乐部把我引来的！"担任舲舫中心小学五年级(1)班数学老师的黄卓齐，悄悄地告诉他们垸井村的支部书记王红华。

"城区学校没位坐，农村学校空荡荡！"参加本次议教会的洮水村老支部书记流露出一丝忧伤。"加快缩小城乡之间教学硬软件之间的差距，用上乘的教学质量挽留住学生就近入学，是对当前社会的最大贡献。"当听到学校成绩已经挤入全县前列时，他露出了欣慰的笑容。

本次议教会上，现场举行《将军文化》校本教材的首发式。并向到会的各村级负责人赠送一套该读本。於舫乡政府党委书记王寿云捧着用红丝带系着的一摞校本教材语重心长地说："尊师重教，办人民满意的教育并不是停留在口头上，而是要付诸行动！"他当场表态，乡政府将马上拿出两万元资金作为关爱教师、关心留守儿童的基金，每年教师节对全乡教职员工进行慰问。并号召全乡各村支部书记关注村级教学点的教师，每年拿出一定的资金慰问、看望这些长期坚守在乡村学校的教师。议教会后，各村都按照王书记的指示，到各个村小慰问老师和学生。

香港同胞和海外侨胞联姻帮扶乡村小学教育

2018 年 4 月 9 日，株洲茶陵县䒵舫中心小学迎来了几位尊贵的客人，他们分别是香港"阅读·梦飞翔"文化关怀基金主席梁伟明先生，美国欣欣教育基金会理事长丁永庆夫妇、杨一青女士等。他们一行 6 人，共同参访了茶陵县䒵舫中心小学，茶陵县统战部侨联主席陈卫红、茶陵县教育局工会副主席刘锦宝等全程陪同。

他们一走进校园就直奔学校图书室与阅览室。这是梁伟明主席 10 年来第 4 次到访茶陵䒵舫中心小学，也是美国欣欣教育基金会 11 年来第 6 次派出代表探访我校。两公益组织一直惦记着这所贫困偏远地区的乡村学校，于是，两位爱心人士相约分别从香港与美国赶赴茶陵县䒵舫中心小学实地考察阅读与学校真实需求。

2007 年，美国欣欣教育基金会 70 多岁的华裔向汉中夫妇到䒵舫探亲，看到䒵舫中心小学女生住宿楼非常破旧与拥挤，他们萌发了捐赠念头。2008 年，他们夫妇以基金会名义捐赠两万美元，联合县教育局配套资金兴建了一栋女生宿舍楼。此后的十年间，他们连续进行图书、阅读活动等后续项目捐赠，近 20 位英语与电脑教师获得免费培训。特别是在充分利用捐赠图书阅读方面，学校连续数年开展学生读书活动，由欣欣教育基金会出资重奖在阅读方面取得突出成绩的学生。多年来，欣欣教育基金会共捐赠图书 1100 余册，奖品价值达 1.7 万余元，累计捐赠额达 32 万元。

欣欣教育基金会是由美国加利福尼亚州旧金山湾区的一位年逾古稀的退休华侨于 1997 年发起成立的，致力于帮助中国偏远贫困地区小学改善硬件设施，提升教学质量，让孩子们从小获得良好的受教育机会。20 多年来，欣欣教育基金会帮助了遍及中国 25 个省市的近 350 所学校。近 11 年来，8 位年逾古稀的老人共 6 次从美国奔赴茶陵舲舫中心小学考察教学、为宿舍楼选址、开展回访。"我们身居海外，为祖国大陆贫困地区的孩子们做点有益的事情是应该的，我们不能忘记生养我们的祖国！"丁永庆理事长与该县侨联负责人交流时道出了自己的心里话。

2009 年，通过茶陵籍爱心人士引荐，香港"阅读·梦飞翔"文化关怀基金会在茶陵进行图书室建设项目选点。当"阅读·梦飞翔"发起人梁伟明先生看到茶陵县舲舫中心小学通过美国梦想行动国际志愿者、美国欣欣教育基金会的帮助，读书活动开展得较好，但又受图书资源匮乏的限制时，梁伟明决定将阅读项目落户该小学。第二年，梁伟明主席亲自到学校考察并投入 2.3 万余元为该校创建了第一间高标准的阅览室。10 年来，舲舫中心小学一直坚持开展午读活动，每学期午读优秀的学生还将获得该基金会提供的每月 50 至 100 元的奖励。在这样的鼓励下，学生的阅读兴趣越来越浓烈，阅读能力也得到了大大提升。该基金会在湖南的农村学校建立了 340 多间图书室。2014 年 7 月，"阅读·梦飞翔"文化关怀项目被纳入湖南省委统战部"省级同心项目"。舲舫中心小学是茶陵县唯一获得该公益组织图书项目捐赠的学校。

当日下午3点，梁伟明主席与丁永庆理事长一行深入学校五年级（3）班教室，亲自检视学生阅读情况。"你们常进图书馆借书吗？你们每年看多少本图书？是什么时间进图书馆看书？有没有将图书带回家去看？"梁主席对学校过去每年人均阅读图书40本以上这一情况表示非常满意。他还对学生在阅读表达、阅读提问、相互交流等有所欠缺的方面提出了自己中肯的意见与建议。

在五年级（1）班教室，欣欣教育基金会理事长丁永庆的夫人一到教室，就迫不及待地和孩子们交流起来。丁夫人首先考查了孩子们的英语水平，不少孩子能与袁老师做简单的英语交流。然后，她告诉孩子们速算法，最后，她给孩子们讲了一个故事，引导孩子们要常做好事。她说："做善事不仅帮助了他人，也快乐了自己。"

从湖南省扶贫办获悉，2017年，梁伟明主席被评为湖南省"最美扶贫人物"。他说："我们的下一代，需要有较强生存能力应对未来社会的发展。基金会通过阅读教育活动，有计划地培养孩子的综合素质及自学能力，让其在小学阶段就拥有良好的品德和习惯，拥有一个灵活的头脑和解决自我问题的能力。"他表示今后将把茶陵县的阅读活动覆盖面予以扩充。

遇见"弘慧"

　　认识"弘慧"源于茶陵县教育局推荐我参加 2019 年第二届湖南省好校长的评比。通过教育局刘锦宝主席给我的参评资料，我了解到该项目是 2018 年 3 月，湖南省教育基金会联合湖南弘慧教育发展基金会共同发起的乡村好校长计划公益项目。该项目每年在湖南省评选不多于 10 位具有代表性的乡村校长，给予重奖鼓励和成长助力，带动更多的乡村校长做适合乡村孩子的教育，推动乡村基础教育的振兴和发展。能够成为湖南乡村好校长是一种荣幸更加是一份责任，全省这么多优秀的校长，我就抱着试试看的态度，开始填写资料，结果我发现要完成这个申请表，必须得有自己的办学思想，原以为填个申请表应该是一件很容易的事情，但做起来才发现自己对学校的办学理念和目标的规划和阐述还是有很多的问题，不够系统与成熟。我不得不静下心思考自己所做的教育工作，我用了半个月的时间，重新梳理和思考了我的办学理念和目标，并努力选择科学的方法进行阐述。原来，参加这个好校长的评比还有这个好处，可以厘清自己的办学理念与目标，更好地明确办学方向。

　　2019 年 10 月 18 日，湖南省教育基金会与湖南弘慧教育发展基金会组织了"第二届乡村好校长计划"初评评审活动，经过选拔，13 位乡村校长脱颖而出，入围第二届乡村好校长终评。在初评中，8 位专业评委按照评审准则，从教育情怀和教育思想、因地制宜的办学特色、教学管理及领导力、社会影响力和引领价值四个维度对进入初评的校长打分，对校长们的申请资料逐一进行审评、分组合议。原以为交了材料就算了，却不晓得我入围了好校长终评。于是，我得更加好好了解弘慧。原来弘慧教育发展基金会起源于 2001 年设立的"湖南省沅陵县一中赢帆奖学金"，2008 年 8 月 29 日由张帆先生、黄飞燕女士及李少波先生共同发起，目前弘慧已经连续七年获得中国基金会透明指数满分的评级，也是湖南省第一家 5A 级非公募基金会，并获民政部授予"全国先进社会组织"称号、中国慈善信用榜 TOP30 慈善机构。弘慧以"弘道致远　慧智育人"为宗旨，致力于弘扬"以人为本"的教育观，倡导乡村学校办适合乡村孩子的教育，让乡村孩子在属于自己的环境中成长为具备独立生活能力、与人交往能力、独立思考能力、自主学习能力、社会服务意识和公共服务精神的人。十余年来，弘慧一直秉持"陪伴传承、本地赋能、县域发展"三个基本公益工作原则，通过"筑梦""弘道""致远""慧智"四个公益计划，不仅运用自身和社会的力量陪伴一小部分乡村孩子更加快乐地成长，促使他们成为有担当的社会人，还扎根县域，激发和赋能一批乡村校长和教师，让他们与弘慧一起进行教育实践，孵化和扶持一些县域本地教育公益组织共同行动，最终在一个个的县域内，促使乡村教育生态逐步进入良性循环。

2019 年 12 月 2 日，在弘慧王文老师的带领下，大公报湖南总编辑李林、大公报记者姚方媛、第一届乡村好校长李晓明、弘慧工作人员曹丹丹等五人，在茶陵县教育局副书记刘文、工会副主席刘锦宝的陪同下，通过对校长、教师、学生进行访谈，对学校校园文化建设进行观察，全方位了解了学校情况，并对呈报的材料进行了一一核实。走访结束后，我们进行了交流。他们都是了不起的公益人，拒绝接受我们的住宿安排，直接奔赴株洲县了。

2020 年 1 月 9 日至 10 日，在本届乡村好校长成长计划中，来自湖南省的 13 位提名校长在湖南师范大学教育科学学院及三诺生物传感股份有限公司参加了为期一天半的终评。湖南省教育基金会黄泽湘秘书长在第二届乡村好校长终评开幕式中说，一个好校长就是一所好学校，乡村好校长计划希望汇聚公益和教育及其他社会力量，鼓励乡村校长创造性探索，丰富乡村校长办学经验，助力乡村校长成长为教育家，为乡村教育的发展搭建台阶。

为了保证终评的科学、公正和透明，基金会特地邀请了一大批专家评委参与评审。公益机构负责人：湖南省教育基金会黄泽湘秘书长、湖南弘慧教育发展基金会张帆理事长、中国滋根乡村教育与发展促进会李光对副秘书长、北京毅恒挚友大学生志愿服务促进中心刘泓秘书长。教育研究专家：湖南省教育科学研究院赵雄辉副院长、首都师范大学初等教育学院朱永海副教授。优秀校长：田字格 NGO 发起人、贵州田字格兴隆实验小学校长肖诗坚、山东省蒙阴县清华园学校校长、首届马云新乡村教育家舒绍林、湖南益阳桃花江小学校长、首届马云新乡村教育家黄丽君，长沙市雨花区泰禹小学校长、长沙市首批首席名校长李臻。同时还设置了观察员角色，由第一届乡村好校长奖获得者、教育公益人及弘慧资深志愿者担任，负责对校长们在培训过程中的反应和表现进行观察和记录。

此次评审会，13 名候选校长需要完成个人陈述、深度座谈、圆桌讨论、共创工作坊（无领导小组讨论）几个环节，以展现自己的教育实践及对乡村教育的思考。

12 分钟的个人陈述是候选校长们风采展示的开始，以"我和我的学校"为主题，候选校长通过个人教育实践的分享，向评委们讲述自己和学校的教育故事。

我们都知道乡村教育有难处，有的校长在个人陈述中发声："乡村教育有难处，但更有我们值得实践的地方，我们还行走在路上。"面对人才流失的现状，有的校长很坦然："乡村教育应该让走出去的人有乡愁，让留下的人有胸怀，让所有人有创新思想。"看到这些校长们对乡村教育的信任与坚守，相信我们的乡村教育会越来越好。

深度座谈环节由 2 位评委、1 位观察者与 1 位候选校长组成一组，通过 40 分钟的深度交流，了解校长们的教育思想、治校理念、教育探索、教育困惑及对未来的规划。

圆桌讨论通过现场抽签分两组进行，每组设置一个主题，每个主题由专家进行破题发言，校长参与讨论，以考察候选校长对教育问题的敏锐度、办学经验和对未来的展望。圆桌讨论第一组由田字格 NGO 发起人、贵州田字格兴隆实验小学校长肖诗坚做破题发言，围绕"什么是好的教育、成绩与好教育是什么关系"而展开。肖诗坚校长最后在总结中说："通过候选校长的分享，我看到了校长们对乡村教育有自己的想法和思考，有独特的实践。我们的乡村教育应该要培养新时代的乡村孩子，让乡村孩子走出大山能生活，留在大山能生存，我们不希望乡村孩子成为城市生活的边缘人。所以我们的乡村教育者面临着比城市教育者更大的挑战。"圆桌讨论第二组由首届马云新乡村教育家获得者、湖南益阳桃花江小学黄丽君校长做破题发言，围绕"校长领导力"而展开。黄丽君校长说："校长实际上还是要回到领导力上来。第一个层面是技术上的领导力，像制度的制定、学校的规范等；第二层面应该是人际领导力，好校长要学会领导老师、学生、家长；第三个层面是有象征的领导力、文化的领导力。这三个层面的领导力可能在企业或单位都存在，而教育领导力，应该是校长独有的领导力。在教育领导力的过程当中，我们应该找到的一个最好的载体。我想得最多的一个点是课程领导力。做校长，在于教、在于育，校长的课程领导力做好了，学校的教育才会落地。"

共创工作坊环节同样通过抽签随机分为 3 组，每组根据抽到的题目进行 45 分钟的无领导小组讨论后，进行 7 分钟不限形式的分组分享，以考察候选校长的团队协作能力与问题解决能力。此次共创工作坊，无论是讨论乡村孩子面临的信息素养问题，还是如何设计青年教师成长方案等，都不只是为了现在这一刻的思考或考查，而是希望通过这一环节，让候选校长们碰撞出一些思考和观点，以更好地面对乡村教育未来的挑战。

　　除此之外，本次终评我们还邀请了湖南师范大学教育科学学院院长刘铁芳教授给候选校长们带来主题为"救援心灵：乡村少年成长的问题与出路"的讲座。刘铁芳教授分享了他认为的好教育：让孩子觉得有希望、有前途；身体有力量，挖掘孩子内在的力量；心中有火种，内心有精神力量，让孩子们有对美的感受，对真善美的追求。

　　弘慧教育发展基金会理事长张帆在终评闭幕式总结发言时说："13 位候选校长已经和弘慧联结在一起，乡村好校长成长计划以三年为期，我们希望在未来三年，大家都能参与进来，贡献自己的智慧和力量，共同去创造，去行动。同时，我们也期待大家的教育案例，能够成为中国 20 万乡村校长可以去学习、可以去碰撞、可以去探索的样本。弘慧将和大家一起，为乡村孩子、为我们的家乡、为社会的未来，做好我们的乡村教育。"

　　2020 年 1 月 20 日，"乡村好校长计划·第二届乡村好校长奖"终评评审会落下帷幕，最终评出了 9 位"乡村好校长"。我很荣幸成了其中一员。第二届乡村好校长评选活动从报名、初评、走访到终评历时 9 个月。参加评选活动的评委有教育公益人士、教育研究专家、一线教育专家、乡村实践名校长。弘慧乡村好校长项目致力于赋能广大的乡村校长，陪伴更多的人成为好校长。从参与最广泛的弘慧乡村好校长论坛，到围绕积极心理学课程的幸福园丁乡村校长培训班，到提供国际教育视野的弘慧乡村校长美国游学项目，再到为优秀的乡村校长搭建更大平台的弘慧乡村好校长评选，我们通过参与有差异、拓展有视野、提升有维度的多层面的项目，为广大的乡村校长提供了一个丰富、多样的成长赋能体系，为培养更多的乡村教育家开辟了一条捷径。

乡村教育从数量上看是萎缩的，但是只要我们不忘初心，坚持做适合乡村孩子的教育，乡村教育一定能从质量上得到发展。一路选择，一路遇见，弘慧引领着我一路前行。我们需要这么一所无形的学校，深度探索什么是适合乡村孩子的教育，我们要在这个过程当中深度地接触孩子，在教育体系当中进行探索，进行构建，进行沉淀，然后进行倡导和推广。弘慧认为乡村教育体系当中最大的障碍根源肯定是体制的单边作用。因为乡村缺乏社会力量、家庭力量，也缺乏有教育思想的教育者，缺乏多边力量的均衡，所以导致乡村教育走偏得非常厉害。我们需要针对本地人进行观念的创新和改变，改变本地人的观念是解决乡村教育一个很重要的途径，但也是最难的途径。由于榜样的力量在乡村最能改变当地人的观念，所以我们在乡村找到这些孩子，经过十年或者更长时间的陪伴，我们希望他们能够成为乡村的榜样，每一个人都能够有尊严地融入社会、找到工作，能够自食其力，而且愿意帮助他人。

社
会
编